用法国人的一天学法语

朱臻明 王冠能 著

北京理工大学出版社
BEIJING INSTITUTE OF TECHNOLOGY PRESS

使用说明

全书共分 5 章，30 个单元

Partie 1 介绍法语的发音方式，以及数字和年、月、日的表达方法。

Partie 2~5 分别依照法国人的"早、午、晚"和"夏假"的情境，学习日常生活中的相关主题。

学习方案 Programme

❶ 和法国人**学单词**

每个单词都搭配精致插图，只要稍加联想，就能让这些词语毫不费力地留在脑海中。

音频数标示，可搭配 MP3

❷ 和法国人**学会话**

依情境精心编写的主题会话，仿佛真的把你带到法国，让你身临其境地聆听法国人每一天最真实的谈话内容。

❸ 这些句子**一定要会说**

根据主题设计的"会话救火包"，对法语初学者以及打算前往法国旅游或读书都很有帮助。记住这些句子，便能随心所欲地用法语开口表达。

关键句型及单词补充

2

"用法国人的一天学法语"

Le matin 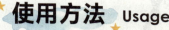 Le soir

使用方法 Usage

❶
一起床就播放 MP3，用法语迎接美好的一天。

❷
利用空闲时间，带着这本书去公园或咖啡店坐坐。

❸
每天只要阅读一单元，细细品尝法国人的生活乐趣。

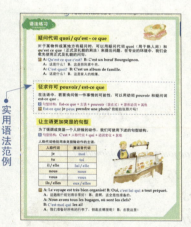

实用语法范例

❹ **语法** 练习
用轻松的心情学语法，才是最好的学习方式。先从"与生活有关"的重点语法开始学，便能逐步建构语法概念。

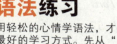

更了解法国人的生活

❺ 法国人的 秘密花园
法国人真的不爱洗澡吗？真的不讲英语吗？他们睡前有哪些特殊习惯呢？这本书将为你提供解答，带你发现许多有趣的小秘密！

● **法语教学 MP3**
收录各单元"和法国人学单词"（中法语对照）、"和法国人学会话"（法语）、"这些句子一定要会说"（法语）

★ 本书附赠的音档为 MP3 格式。

3

目录

Parler comme les français
Partie 1 像法国人一样说法语

1) 先从字母开始学习 *Commencer par l'alphabet* 3
2) 法语的元音 *Alphabet phonétique du français — les voyelles* 5
3) 法语的辅音 *Alphabet phonétique du français — les consonnes* 7
4) 特殊的发音规则 *Les semi-voyelles et les Voyelles Nasales* 9
5) 学会用法语数数 *Apprendre les nombres en français* 11
6) 年、月、日的表达 *Expression des jours et des mois de l'année* 13

Partie 2 早安，法国！ *Bonjour la France!*

7) 美好的一天开始啰！ *Une bonne journée qui commence!* 17
8) 咖啡与法国面包 *Cafés et pains* 25
9) 巴黎地铁站 *Le métro à Paris* 33
10) 办公室生活 *La vie au bureau* 41
11) 巴黎时装周 *La semaine de la mode à Paris* 49
12) 赶场开会去！ *Vite, on a une réunion!* 57

Partie 3 午安，法国! *Bon après-midi la France!*

- 13) 午餐就来份火腿三明治吧！ *Allons manger un sandwich à midi!* 67
- 14) 愉快的午后散步 *Une belle promenade* 75
- 15) 去银行办事 *A la banque* 83
- 16) 难以抗拒的美味甜点 *Difficile de résister à ces pâtisseries* 91
- 17) 上图书馆找资料 *Faire des recherches à la bibliothèque* 99
- 18) 在公园也能上网收 E-mail *E-mail et Internet dans les espaces verts* 107

Partie 4 晚安，法国! *Bonsoir la France!*

- 19) 晚餐的约会 *Un dîner* 117
- 20) 逛逛书店吧！ *Allons à la librairie!* 125
- 21) 骑自行车运动一下 *Faire du vélo* 133
- 22) 去酒吧尽情放松 *Prendre un verre entre amis dans un bar* 141
- 23) 迷人的艾菲尔铁塔 *La charmante Tour Eiffel* 149
- 24) 结束美好的一天 *Une belle fin de journée* 157

目录

Vacances avec les français
Partie 5 和法国人一起度假

25) 愉快的采购时间 *Le bonheur du shopping* 167
26) 美丽又典雅的卢浮宫
　　　Le tellement beau et élégant Musée du Louvre 175
27) 二手集市寻宝去 *Sur le marché de l'occasion* 183
28) 蒙马特的魅力 *Le charme de Montmartre* 191
29) 挑张美丽的明信片 *Choisir une belle carte postale* 199
30) 法国人的家庭生活 *La vie dans une famille française* 207

1）先从字母开始学习
   Commencer par l'alphabet

2）法语的元音
   Alphabet phonétique du français — les voyelles

3）法语的辅音
   Alphabet phonétique du français — les consonnes

4）特殊的发音规则
   Les semi-voyelles et les voyelles nasales

5）学会用法语数数
   Apprendre les nombres en français

6）年、月、日的表达
   Expression des jours et des mois de l'année

Ça va?

1 先从字母开始学习
Commencer par l'alphabet

字母及发音
L'alphabet

🎧 01-01

法语字母和英语字母一样，都是 26 个。大写和小写字母也都与英语相同。不过，发音就不太一样啰！请听 MP3，向法国老师学习正确的字母读音。

大写 → **Aa**
小写 ↗
音标 → [a]

Aa [a]	**Bb** [be]	**Cc** [se]	**Dd** [de]	**Ee** [ə]
Ff [ɛf]	**Gg** [ʒe]	**Hh** [aʃ]	**Ii** [i:]	**Jj** [ʒi:]
Kk [ka]	**Ll** [ɛl]	**Mm** [ɛm]	**Nn** [ɛn]	**Oo** [o]
Pp [pe]	**Qq** [ky]	**Rr** [ɛr]	**Ss** [ɛs]	**Tt** [te]
Uu [y]	**Vv** [ve]	**Ww** [dubl ve]	**Xx** [i:ks]	**Yy** [i grɛk]
				Zz [zɛd]

★ 老师小补充
"：" 为长音符号，代表要将前面的音拉长。

Partie 1 像法国人一样说法语

用法国人的一天学法语

本书采用的是国际音标 Alphabet Phonétique International (API)，这是目前外国人学习法语使用较多的音标符号，和我们一般词典内看到的略有不同，建议搭配 MP3 一起学习，以掌握法语正确的发音和发音位置。

重音 Les accents 01-02

法语字母中有些**特殊符号**，我们称为**重音（les accents）**，分别有不同的发音方式。以下稍作整理，供大家参考。

	a	e	i	o	u
闭口音 accent aigu		é [e]			
开口音 accent grave	à [a]	è [ɛ]			
长音符 accent circonflexe	â [a:]	ê [ɛ:]	î [i:]	ô [o:]	û [y:]
分音符 accent tréma		ë [ɛ]	ï [i]		ü [y]

老师小补充

i 若加上分音符，就变成发 [i] 的音；不加分音符时，ai 连在一起通常发 [ɛ] 的音。例：Taiwan（台湾）的发音为 [tɛwa]。

4

2 法语的元音
Alphabet phonétique du français — les voyelles

元音 Voyelles 🎵 02-01

a		**p**atte [pat] 爪子	**l**ac [lak] 湖泊
ɑ:		**p**âte [pɑ:t] 面团	**â**ge [ɑ:ʒ] 年龄
e		**cl**é [kle] 钥匙	**ch**ez [ʃe] 在……家	**all**er [ale] 去
ɛ		**p**ère [pɛ:r] 父亲	**e**st [ɛst] 东边的	**l**ait [lɛ] 牛奶
ɛ:		**f**ête [fɛ:t] 节日	**ma**ître [mɛ:tr] 主人
ə		**r**eposer [rəpoze] 休息	**r**egarder [rəgarde] 看

用法国人的一天学法语

学会字母的发音，其实对念单词并没有太大的帮助。要学会元音、辅音及特殊发音，才能掌握法语单词的正确念法。以下将利用 API 音标来协助大家学习"元音"的发音方式。请搭配 MP3 学习正确发音，并反复练习表格中的范例单词！

i
- si [si] 如果
- île [il] 岛屿
- y [i] 那里

ø
- ceux [sø] 这些
- jeûne [ʒøn] 禁食

o
- sot [so] 傻瓜
- hôtel [otɛl] 旅馆
- haut [o] 高度
- eau [o] 水

ɔ
- sport [spɔr] 运动
- corps [kɔr] 身体

u
- roue [ru] 车轮
- coup [ku] 打击

y
- rue [ry] 街道
- tu [y] 你
- sûr [syr] 确信的

3 法语的辅音
Alphabet phonétique du français — les consonnes

辅音 Consonnes MP3 03-01

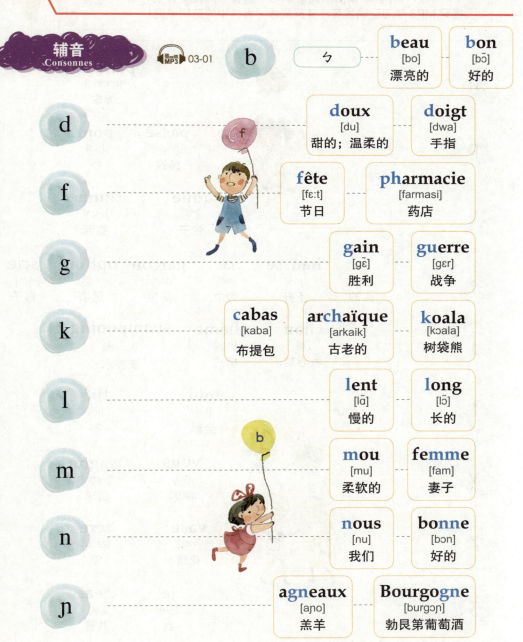

b — ㄅ — **b**eau [bo] 漂亮的 — **b**on [bɔ̃] 好的

d — **d**oux [du] 甜的；温柔的 — **d**oigt [dwa] 手指

f — **f**ête [fɛ:t] 节日 — **ph**armacie [farmasi] 药店

g — **g**ain [gɛ̃] 胜利 — **gu**erre [gɛr] 战争

k — **c**abas [kaba] 布提包 — ar**ch**aïque [arkaik] 古老的 — **k**oala [kɔala] 树袋熊

l — **l**ent [lɑ̃] 慢的 — **l**ong [lɔ̃] 长的

m — **m**ou [mu] 柔软的 — fe**mm**e [fam] 妻子

n — **n**ous [nu] 我们 — bo**nn**e [bɔn] 好的

ɲ — a**gn**eaux [aɲo] 羔羊 — Bour**g**o**gn**e [burgɔɲ] 勃艮第葡萄酒

7

用法国人的一天学法语

学会字母的发音，其实对念单词并没有太大的帮助。要学会元音、辅音及特殊发音，才能掌握法语单词的正确念法。以下将利用 API 音标来协助大家学习"辅音"的发音方式，请搭配 MP3 学习正确发音，并反复练习表格中的范例单词！

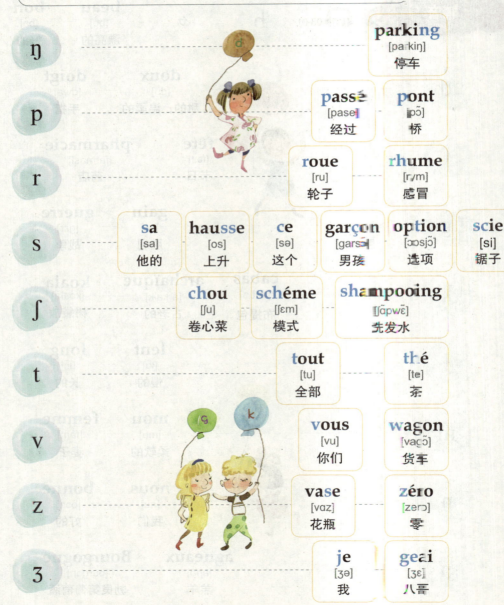

ŋ				**parking** [parkiŋ] 停车	
p			**passé** [pase] 经过	**pont** [pɔ̃] 桥	
r			**roue** [ru] 轮子	**rhume** [rym] 感冒	
s	**sa** [sa] 他的	**hausse** [os] 上升	**ce** [sə] 这个	**garçon** [garsɔ̃] 男孩	**option** [ɔpsjɔ̃] 选项	**scie** [si] 锯子
ʃ		**chou** [ʃu] 卷心菜	**schéme** [ʃɛm] 模式	**shampooing** [ʃɑ̃pwɛ̃] 洗发水	
t			**tout** [tu] 全部	**thé** [te] 茶	
v			**vous** [vu] 你们	**wagon** [vagɔ̃] 货车	
z			**vase** [vaz] 花瓶	**zéro** [zero] 零	
ʒ			**je** [ʒə] 我	**geai** [ʒɛ] 八哥	

4 特殊的发音规则
Les semi-voyelles et les voyelles nasales

半元音 Semi-voyelles
🎧 04-01

j
- **payer** [peje] 付费
- **fille** [fij] 女孩
- **travail** [travaj] 工作

w
- **oui** [wi] 是
- **moyen** [mwajɛ̃] 方法
- **loi** [lwa] 法律
- **web** [wɛb] 网络、互联网

ɥ
- **huit** [ɥit] 八
- **fruit** [frɥi] 水果

用法国人的一天学法语

学会字母的发音，其实对念单词并没有太大的帮助。要学会元音、辅音及特殊发音，才能掌握法语单词的正确念法。以下将利用 API 音标来协助大家学习"半元音"及"鼻音"的发音方式。请搭配 MP3 学习正确发音，并反复练习表格中的范例单词！

鼻音 Voyelles Nasales 🎧 04-02

[ɑ̃]
- **v**e**nt** [vɑ̃] 风
- **av**a**nt** [a.vɑ̃] 在……前
- **p**ao**n** [pɑ̃] 孔雀

[ɛ̃]
- **v**i**n** [vɛ̃] 葡萄酒
- **p**ai**n** [pɛ̃] 面包
- **pl**ei**n** [plɛ̃] 充满

- **ch**ie**n** [ʃjɛ̃] 狗
- **br**u**n** [brɛ̃] 棕色的
- **empr**u**nt** [ɑ̃prɛ̃] 借（入）钱

[ɔ̃]
- **b**o**n** [bɔ̃] 好的
- **c**o**mplet** [kɔ̃plɛ] 完整的

10

5 学会用法语数数
Apprendre les nombres en français

基本数字
Nombres cardinaux 🎧 05-01

1	un [œ̃]		18	dix-huit [dizɥit]
2	deux [dø]		19	dix-neuf [diznœf]
3	trois [trwɑ]		20	vingt [vɛ̃]
4	quatre [katr]		21	vingt et un [vɛ̃t-e œ̃]
5	cinq [sɛ̃k]		22	vingt deux [vɛ̃t dø]
6	six [sis]		23	vingt trois [vɛ̃t trwɑ]
7	sept [sɛt]		24	vingt quatre [vɛ̃t katr]
8	huit [ɥit]		25	vingt cinq [vɛ̃t sɛ̃k]
9	neuf [nəf]		26	vingt six [vɛ̃t sis]
10	dix [dis]		27	vingt sept [vɛ̃t sɛt]
11	onze [õz]		28	vingt huit [vɛ̃t ɥit]
12	douze [duz]		29	vingt neuf [vɛ̃t nœf]
13	treize [trɛz]		30	trente [trɑ̃t]
14	quatorze [katɔrz]		40	quarante [karɑ̃t]
15	quinze [kɛ̃z]		41	quarante et un [karɑ̃t-e œ̃]
16	seize [sɛz]		50	cinquante [sɛ̃kɑ̃t]
17	dix-sept [dissɛt]		51	cinquante et un [sɛ̃kɑ̃t-e œ̃]

Partie 1 像法国人一样说法语

用法国人的一天学法语

> 法语的数字逻辑和英语大不相同，除了背诵之外，更要了解它的组成逻辑！以下是法语数字的表格整理。请特别注意数字 61～79 和 81～99 的表达方式。

60 **soixante** [swasɑ̃t]

数字 61～79 的表达方式 = 60 + 数字

61 **soixante et un** [swasɑ̃t-e œ̃]
70 **soixante-dix** [swasɑ̃tdis]
71 **soixante et onze** [swasɑ̃t-e ɔ̃z]
80 **quatre-vingt** [katrəvɛ̃]

数字 81～99 的表达方式 = 4×20 + 数字

81 **quatre-vingt un** [katrəvɛ̃ œ̃]
90 **quatre-vingt dix** [katrəvɛ̃ dis]
91 **quatre-vingt onze** [katrəvɛ̃ ɔ̃z]
100 **cent** [sɑ̃]
101 **cent un** [sɑ̃ œ̃]
110 **cent dix** [sɑ̃ dis]
1000 **mille** [mil]
1100 **mille cent** [mil sɑ̃]

12

6 年、月、日的表达
Expression des jours et des mois de l'année

6 年、月、日的表达 Expression des jours et des mois de l'année

Partie 1

一周的每一天
Jours de la semaine
MP3 06-01

lundi [lœ̃di] — 星期一
mardi [mardi] — 星期二
mercredi [mɛrkrədi] — 星期三
jeudi [ʒødi] — 星期四
vendredi [vɑ̃drədi] — 星期五
samedi [samdi] — 星期六
dimanche [dimɑ̃ʃ] — 星期日
week-end [wikɛnd] — 周末

Sun Mon Tue Wed Thu Fri Sat

★ 老师小补充

表达日期的顺序是由"星期几"到"日""月""年":
A: Quel jour sommes-nous aujourd'hui?
B: Nous sommes le mercredi vingt mai 2015.
A: 今天是哪一天呢?
B: 今天是2015年5月20号星期三。

用法国人的一天学法语

今天是"几月几日""星期几"呢？以下将介绍法语中"星期一到星期五"，以及"十二个月份"的表达方式，赶快学起来吧！

月份
Mois de l'année

 janvier [ʒɑ̃vje] 一月

 juillet [ʒɥijɛ] 七月

 février [fevrije] 二月

 août [ut] 八月

 mars [mars] 三月

 septembre [sɛptɑ̃br] 九月

 avril [avril] 四月

 octobre [ɔktɔbr] 十月

 mai [mɛ] 五月

 novembre [nɔvɑ̃br] 十一月

 juin [ʒɥɛ̃] 六月

 décembre [desɑ̃br] 十二月

14

7) 美好的一天开始啰！ Une bonne journée qui commence!
8) 咖啡与法国面包 Cafés et pains
9) 巴黎地铁站 Le métro à Paris
10) 办公室生活 La vie du bureau
11) 巴黎时装周 La semaine de la mode à Paris
12) 赶场开会去！ Vite, on a une réunion!

7 美好的一天开始啰！
Une bonne journée qui commence!

早安！今天有什么计划吗？是否要赶着上班、上课呢？可以和法国人一样，在出门之前先冲个澡！

和法国人学单词
Vocabulaire

🎧 07-01

- **une lampe de chevet**
  [yn lɑ̃p də ʃəvɛ]
  床头灯

- **un coussin**
  [œ̃ kusɛ̃]
  枕头

- **un réveil**
  [œ̃ revɛj]
  闹钟

- **un placard**
  [œ̃ plakar]
  橱柜

- **une table de nuit**
  [yn tabl də nɥi]
  床头柜

- **une robe de chambre**
  [yn rɔb də ʃɑ̃br]
  长袍睡衣

- **un lit**
  [œ̃ li]
  床

- **un drap**
  [œ̃ dra]
  床单

- **une couverture**
  [yn kuvɛrtyr]
  被子

- **des pantoufles**
  [de pɑ̃tufl]
  室内拖鞋

- **une housse de couette**
  [yn us də kwɛt]
  羽绒被套

- **une couette**
  [yn kwɛt]
  羽绒被

- **un tapis**
  [œ̃ tapi]
  地毯

- **un pyjama**
  [œ̃ piʒama]
  睡衣

早安，法国！

Partie 2

17

用法国人的一天学法语

- **une douche**
  [yn duʃ]
  淋浴设备

- **une baignoire**
  [yn bɛɲwar]
  浴缸

- **un miroir**
  [œ̃ mirwar]
  镜子

- **du papier-toilette**
  [dy papjɛrtwalɛt]
  卫生纸

- **des toilettes**
  [de twalɛt]
  洗手间

- **une brosse à dent**
  [yn brɔs a dɑ̃]
  牙刷

- **du dentifrice**
  [dy dɑ̃tifris]
  牙膏

- **un gel douche**
  [œ̃ʒɛl duʃ]
  沐浴乳

- **un shampoing**
  [œ̃ ʃɑ̃pwɛ̃]
  洗发水

- **un après-shampoing**
  [ɛ̃n-aprɛʃɑ̃pwɛ̃]
  护发乳

- **une brosse**
  [yn brɔs]
  刷子

- **des mouchoirs en papier**
  [de muʃwar ɑ̃ papje]
  纸巾

- **un savon**
  [œ̃ savɔ̃]
  肥皂

- **une serviette**
  [yn sɛrvjɛt]
  毛巾

- **un peigne**
  [œ̃ pɛɲ]
  梳子

- **un sèche-cheveux**
  [œ̃ sɛʃ ʃəvø]
  吹风机

- **un coupe-ongle**
  [œ̃ kupɔ̃gl]
  指甲剪

18

7 美好的一天开始啰！ Une bonne journée qui commence!

MP3 07-02

[**A la maison**
在家里]

Le réveil sonne... 闹钟响起……

Alice : Eric, réveille-toi! *(elle éteint le réveil)*
艾莉丝：艾瑞克，快起床！（她关掉闹钟）

Eric : Quoi? Comment? Quelle heure est-il?
艾瑞克：什么？怎样了？现在几点了？

> quel（阳性），quelle（阴性）：
> 什么、哪一个、几（点）？

Alice : Il est 7h, il est l'heure de se lever!
艾莉丝：现在七点，是时候起床了！

Eric : Déjà ? j'étais tellement bien dans mes rêves....
艾瑞克：已经七点了？我刚才还在好梦中呢……

Alice : Allez, *(elle se dirige vers la porte de la chambre)* je vais préparer le petit déjeuner, toi, prépare-toi à la salle de bain. Après, c'est mon tour!
艾莉丝：快，（她走向房门）我要去准备早餐，你快去浴室准备一下，接着换我！

Eric : *(Il se dirige vers la salle de bain en baillant)* **Entendu!**
艾瑞克：（他边打呵欠边往浴室走去）听到啦！

Alice : **Et ne traîne pas sous la douche pendant une heure!**
艾莉丝：洗澡别超过一小时！

Eric : **Oui, oui…**
艾瑞克：好啦，好啦……

45 minutes plus tard 45分钟后……

Alice : *(elle se dirige vers l'escalier et crie)* **Eric, tu es en retard, descends prendre ton café!**
艾莉丝：（她走向楼梯并大叫）艾瑞克你迟到了，下来喝你的咖啡！

Eric : **Oui, j'arrive!**
艾瑞克：好的，我来了！

Alice : **Allez, maintenant, prends tes affaires et pars vite sinon tu vas rater le train!**
艾莉丝：快点，你马上整理一下，然后快点出门，要不然你将错过火车！

Eric : *(il embrasse Alice)* **A ce soir!**
艾瑞克：（他抱一下艾莉丝）晚上见！

Alice : **A ce soir ! Bonne journée!**
艾莉丝：晚上见！祝你有个美好的一天！

7 美好的一天开始啰！　Une bonne journée qui commence!

这些句子一定要会说
Phrases pratiques à utiliser　🎧 07-03

1) **Quelle heure est-il?**
现在几点？
＊熟人间可用这种说法：Tu as l'heure?

2) **Où est la salle de bain?**
浴室在哪呢？

3) **Est-ce qu'il y a une baignoire dans la salle de bain?**
请问浴室有浴缸吗？
＊一般法国的浴室和厕所都是分开的，且大部分都没浴缸！

4) **J'ai besoin d'une serviette pour la douche.**
我需要一条毛巾来冲澡。

5) **Avez-vous un sèche-cheveux?**
有吹风机吗？

6) **Est-ce que vous avez du dentifrice?**
请问你们有牙膏吗？
＊du dentifrice 牙膏

7) **Où sont les toilettes?**
厕所在哪呢？

8) **Est-ce que je peux prendre ma douche?**
请问我能冲澡吗？

9) **Est-ce que je peux prendre du café?**
我能喝杯咖啡吗？

10) **Il fait beau aujourd'hui!**
今天天气很好！

Partie 2　早安，法国！

11) Je dois me réveiller tôt demain.
明天我要早起。

12) Je ne peux pas rester trop tard.
我不能待得太晚。

13) Excusez-moi, je suis en retard.
对不起，我迟到了。
* être en retard 迟到

14) Il fait froid, avez-vous une couverture?
天气冷了，你们有被子吗？

15) J'ai très bien dormi cette nuit!
我今晚睡得很好！
* bien dormir 睡得很好； bien manger 吃饱了

16) Je prends le train pour aller travailler.
我乘火车上班。

17) Je pars tôt le matin pour aller travailler.
为了工作我早上很早出门。

18) Je termine le travail tard le soir.
晚上我很晚才结束工作。
* le soir 晚上

19) A quelle heure vous réveillez-vous le matin?
早上您几点起床呢？
* le matin 上午

20) A quelle heure vous couchez-vous le soir?
晚上您几点睡觉呢？

7 美好的一天开始啰！ Une bonne journée qui commence!

语法练习 Grammaire

时间的表达

询问时间的问句，正式用法为"Quelle heure est-il?（现在几点呢？）"，朋友间的用法则是"Tu as l'heure?（现在几点？）"，因为"l'heure（时间）"这个名词是阴性的，所以 quelle 要随它做阴性变化。回答问题时，我们则用 Il est 做回答。讲时间时，不用把"分"讲出来。

例 Il est 7 heures 30. 现在是 7 点 30 分。

文 15 分、30 分和 45 分，有特别的用法：

10 时 15 分 = Il est dix heures quinze = il est 10 heures et quart
　　　　　　　　　　　　　　　　　　　　　（加四分之一小时）

10 时 30 分 = il est dix heures trente = il est 10 heures et demie（加半小时）

10 时 45 分 = il est dix heures quarante cinq = il est 11 heures moins le quart（差四分之一小时）

命令式

命令式用在给指令、一些建议或一种做法（例如：食谱）时。命令式的动词变化只用于三个人称：第二人称单数的 tu，第一人称复数的 nous 及第二人称复数的 vous。（第一人称单数的命令式如今已不再使用。）

第二人称单数		第二人称复数	
命令式	现在直陈式	命令式	现在直陈式
• Prends ta douche. （你）去洗澡。	• Tu prends… 你拿……	• Prenez… （您）拿……	• Vous prenez… 您拿……
• Monte dans le bus. （你）登上公共汽车。	• Tu montes… 你登上……	• Montez… （您）登上……	• Vous montez… 您登上……
• Viens demain. （你）明天来。	• Tu viens… 你来……	• Venez… （您）来……	• Vous venez… 您来……
• N'apporte pas de fleurs. （你）不要带花。	• Tu n'apportes pas… 你不要带……	• N'apportez pas… （您）不要带……	• Vous n'apportez pas… 您不要带……

1. 用命令式时注意别把主语放在动词前。
2. **er** 结尾的规则动词，命令式如在现在直陈式的第二人称动词基础上变化时，字尾要去掉 **s**。

用法国人的一天学法语

自反动词

在法语中，我们会用自反动词（les verbes réfléchis）来表达主语本身"自己所做的动作"。

例 动词 laver（洗）：

主语 / 宾语	现在式动词变化
Je / moi 我	Je me lave 我自己洗
Tu / toi 你	Tu te laves 你自己洗
Il / lui / elle 他 / 她	Il / elle se lave 他 / 她自己洗
Nous / nous 我们	Nous nous lavons 我们自己洗
Vous / vous 你们	Vous vous lavez 你们自己洗
Ils / eux / elles 他 / 她们	Ils / elles se lavent 他 / 她们自己洗

文 1. 句型结构：主语 / 宾语 +（me、te、se、nous、vous、se）+ 动词。
2. 代词的人称及数量变化必须与动作的主语 / 宾语一致。
3. 其他自反动词的形式变化参考：
   lever（起床）→ se lever le matin（自己早上起床）
   regarder（看）→ se regarder dans un miroir（自己照镜子）
   maquiller（化妆）→ se maquiller（自己化妆）
4. 要注意有些动词变成自反形式后，词义也会有所改变！

法国人的秘密花园……
Secret de France

【法国人是否不爱洗澡？】

是不是因为法国人不爱洗澡，所以才发明香水？

　　大部分的法国人习惯早上出门前才洗澡，一种说法是因为冬天天气较冷，出门前洗澡身体会较暖和。另一种说法则和法国人注重礼仪有关，他们习惯出门时将自己打扮得体且不能让身体产生异味。

　　不过法国人香水的大量使用习惯也导致人们认定他们就是为了掩盖不洗澡而散发异味，更误认为香水是法国人发明的。但出门前喷点儿香水，除了避免让别人闻到不好的味道外，也会让自己散发出特殊的迷人气息！

8 咖啡与法国面包 Cafés et pains

法国街边，露天咖啡馆随处可见。不过，法国人喝的不是咖啡，而是生活的滋味！若有机会游览法国，不妨到咖啡馆坐坐，或许会有意外的收获！

Partie **2**

早安，法国！

和法国人学单词 Vocabulaire

 08-01

- **un expresso**
  [œn-ɛkspreso]
  浓缩咖啡

- **un double expresso**
  [œ dubl ɛkspreso]
  双倍浓缩咖啡

- **un café allongé**
  [œ kafe alɔ̃ʒe]
  浓度淡的（大）咖啡

- **un café au lait**
  [œ kafe o lɛ]
  牛奶咖啡（一半咖啡一半牛奶）

- **un (café) noisette**
  [œ (kafe) nwazɛt]
  少许牛奶的咖啡

- **un Café**
  [œ kafe]
  咖啡

- **un verre d'eau**
  [œ vɛr do]
  一杯水

- **un thé**
  [œ te]
  茶

- **du sucre**
  [dy sykr]
  糖

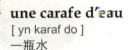

- **une carafe d'eau**
  [yn karaf do]
  一瓶水

- **une cuillère**
  [yn kɥijɛr]
  一匙

在法国账单已含服务费用，不需额外付小费，但传统的绅士或女士依然会给一些小费

- **l'addition**
  [ladisjɔ̃]
  账单

- **le pourboire**
  [lə purbwar]
  小费

- **un pain complet**
  [œ pɛ̃ kɔ̃plɛ]
  全麦面包

- **une baguette**
  [yn bagɛt]
  长棍面包

- **une flûte**
  [yn fly:t]
  长笛面包（较细的长棍面包）

- **une demi baguette**
  [yn dəmi bagɛt]
  长棍面包（半条）

- **un pain aux céréales**
  [œ pɛ̃ o sereal]
  五谷（杂粮）面包

25

- **une couronne**
  [yn kurɔn]
  圈形面包（皇冠造型）

- **un croissant**
  [œ̃ krwasɑ̃]
  羊角面包

- **un pain au chocolat**
  [œ̃ pɛ̃ o ʃokola]
  巧克力面包

  > 在法国西部称为
  > une chocolatine
  > [yn ʃokolatin]

> 杏仁巧克力面包是用剩下的巧克力面包和杏仁饼皮二次烘焙而产生的

- **un pain au chocolat aux amandes**
  [œ̃ pɛ̃ o ʃokola oz-amɑ̃d]
  杏仁巧克力面包

- **un pain aux raisins**
  [œ̃ pɛ̃ o rezɛ̃]
  葡萄面包

- **une tartelette aux fraises**
  [yn tartəlɛt o frɛz]
  草莓挞

> 布列塔尼方言 kouign 是甜点，而 amann 是奶油，这道甜点是特地用布列塔尼有盐奶油制作的

- **un kouign amann (spécialité bretonne au beurre)**
  [œ̃ kwiɲ-amɑ̃n]
  奶油甜点（布列塔尼有盐奶油特制）

- **un flan**
  [œ̃ flɑ̃]
  布丁

- **un congolais**
  [œ̃ kɔ̃golɛ]
  椰子糕点

8) 咖啡与法国面包 *Cafés et pains*

  08-02

Part 2

巴黎，法国！

[**Au café**
在咖啡厅]

Cliente : Bonjour!
女客人：您好！

Serveur : Bonjour Madame!
男服务生：女士您好！

Cliente : Pourriez-vous m'apporter la carte, s'il vous plaît?
女客人：麻烦您一下，您能拿菜单给我吗？

> 在法国讲"菜单"都是用 la carte 而不是 menu

Serveur : Tout de suite, Madame...Voici.
男服务生：马上来，女士……这是我们的菜单。

Cliente : Merci!
女客人：谢谢！

> 在法国点餐时，请耐心等待。一直叫服务生是不太礼貌的行为。

27

Serveur: Vous avez fait votre choix?

男服务生：您做好选择了吗？

Cliente: Oui, je voudrais un double expresso, s'il vous plaît!

女客人：做好了，我想要一杯双倍浓缩咖啡，麻烦您！

Serveur: Un double expresso, entendu. Et avec cela?

男服务生：一杯双倍浓缩咖啡，明白了。还需要什么呢？

Cliente: Et un verre d'eau, s'il vous plaît!

女客人：再要一杯水，麻烦您！

Serveur: Et un verre d'eau!

男服务生：还有一杯水！

.... le serveur apporte le café et le verre d'eau

……服务生端来了咖啡和水

Cliente: Merci bien!

女客人：非常感谢！

Serveur: Je vous en prie!

男服务生：不客气！

> 在一般工作场合，都会使用 Je vous en prie 而不是 De rien 来表示不客气。

....un peu plus tard, une fois le café terminé

……过了一会儿，咖啡喝完了

Cliente: S'il vous plaît?! L'addition, s'il vous plaît!

女客人：不好意思，请给我账单，麻烦您！

Serveur: Tout de suite, Madame!

男服务生：马上来，女士！

8 咖啡与法国面包 *Cafés et pains*

这些句子一定要会说
Phrases pratiques à utiliser 🎧 08-03

1) **Pourriez-vous m'apportez la carte, s'il vous plaît?**
   麻烦您，您能给我菜单吗？ * s'il vous plaît 请

2) **Vous avez des suggestions?**
   您有什么建议呢？ * suggestion 建议；提议

3) **Quel est le plat du jour?**
   今天的特色餐点是什么呢？ * plat du jour 当日特色菜

4) **J'hésite entre un flan et un macaron, qu'en pensez vous?**
   我在布丁和马卡龙之间犹豫，您觉得呢？

5) **Quelle est votre spécialité?**
   你们的特色餐点是什么呢？ * spécialité 特色餐点

6) **Je vais prendre une baguette, s'il vous plaît.**
   我想要一个长棍面包，麻烦您。

7) **Nous allons prendre cette entrée à partager, s'il vous plaît.**
   我们两个想要一起享用这前菜，麻烦您。

8) **Pour la cuisson, bien cuite, s'il vous plaît.**
   熟度方面，七分熟，麻烦您。

9) **Auriez-vous du sel? du poivre? de la moutarde?**
   你们有盐吗？黑胡椒，芥末呢？

10) **Pourriez-vous nous apporter une carafe d'eau?**
    请您给我们一瓶水好吗？

    * 在法国咖啡厅，如果说要 un verre d'eau（一杯水），服务生通常会给你需要付费的矿泉水。记得用 une carafe d'eau（一瓶水）才是一般免费的饮用水，不用付钱！

Partie 2 旦客：法国！

29

11) Pourriez-vous m'apporter un autre verre (une autre assiette)?
请您给我另一个杯子（另一个盘子）好吗？
＊ verre 玻璃杯；assiette 盘子

12) Qu'est-ce que vous nous recommandez comme vin?
请您给我们推荐一些葡萄酒好吗？

13) Vous avez la carte des desserts?
请给我甜点的菜单好吗？

14) Je prendrais un café avec le dessert, s'il vous plaît.
我想要一杯咖啡和一个甜点，麻烦您。

15) Vous avez du thé?
你们有茶吗？

16) Vous nous apporterez l'addition, s'il vous plaît!
请给我们账单，麻烦您！

17) Je pense qu'il y a une erreur, je n'ai pas commandé cela.
我觉得这里有点错误，我没有点这样东西。

18) Je vous règle par carte!
我用信用卡付钱！

19) Nous payons séparément!
我们分开付费！

20) Vous avez la carte du restaurant?
你们有餐厅的名片吗？

8 咖啡与法国面包 Cafés et pains

语法练习 Grammaire

条件式

在商店、咖啡厅或餐厅点餐时，用"条件式"来表达请求是比较礼貌的用法。别忘了在句尾加上 s'il vous plaît（请）！

文 句型结构：**Je voudrais** + 部分冠词 / 不定冠词 + 名词 + s'il vous plaît!

例 **Je voudrais une baguette, s'il vous plaît!**
我想要一根长棍面包，谢谢！

请求对方帮忙时

请求某人帮你做某件事时，我们也可以用 pouvoir 的条件式来构建句子。句尾同样要加上 s'il vous plaît（请），法国人才会觉得你有礼貌！

文 句型结构：**Pourriez-vous me / m'** + 原形动词 + 部分冠词 / 不定冠词 + 名词

例 **Pourriez-vous m'apporter une carafe d'eau, s'il vous plaît?**
麻烦您，您可以拿一壶水给我吗？

询问餐点或肉品熟度

通常服务生会用"Quelle cuisson?"来询问你的肉品或餐点要几分熟。
你可以根据肉品或餐点的不同来回复。

例 **Bleu, s'il vous plaît!**
一分熟，麻烦您！
Saignant ou rosé s'il vous plaît!
三或四分熟，麻烦您！
A point, s'il vous plaît!
五分熟，麻烦您！
Bien cuit(e) s'il vous plaît!
七分或八分熟，麻烦您！

用法国人的一天学法语

法国人的秘密花园……
Secret de France

[来学法国人喝咖啡]

喝咖啡是一种生活享受！

　　旧时咖啡厅是法国文豪及艺术家们聚集的地方，他们在咖啡厅独自创作或相互交流。现今我们仍可在一些咖啡厅内追寻到他们所留下来的足迹。如果有机会来到法国，一定要点杯咖啡或茶，坐在露天咖啡座位上好好观察周遭的人和事物。

　　有人边啜饮咖啡，边翻口袋书度过一个下午；有人就这样静静地坐着看着路人来来去去。当我们比较彼此的生活步调时，你将发现——法国人喝的不是咖啡，而是一种生活！如果你法语还可以，不妨试着和他们聊聊，你会有意外的收获。当然，如果你很悠闲地坐在露天咖啡座位上，那么会有法国人前来搭话，那时希望大家都准备好和法国人交流彼此的生活文化！

小知识

在法国要给小费吗？
在法国用餐的费用已经含小费，不需额外再付。但如果你觉得对方的服务很好，可以放五十分或一欧元表示感谢。

9 巴黎地铁站 Le métro à Paris

巴黎地铁站，就像个即兴小剧场。在这里，每天都上演着不同的戏码，包括街头艺人的快闪表演，以及恋人们的浪漫拥吻。

和法国人学单词 Vocabulaire 09-01

- **une station de métro**
  [yn stasjɔ̃ də metro]
  地铁站

- **une bouche de métro**
  [yn buʃ də metro]
  地铁站入口

- **un billet**
  [œ̃ bijɛ]
  票

- **un automate de vente**
  [œ̃ n-otomat də vɑ̃t]
  自动售票机

- **un billet aller-retour**
  [œ̃ bijɛ alɛrətur]
  往返票

- **plein tarif**
  [plɛ̃ tarif]
  全票

- **tarif réduit**
  [tarif redɥi]
  优惠票

- **valider un billet**
  [valide œ̃ bijɛ]
  验票

- **La carte navigo**
  [la kart navigo]
  月卡

- **un guichet**
  [œ̃ giʃɛ]
  售票处

- **les zones tarifaires**
  [le zoːn tarifɛr]
  区域优惠票（在限定的区域内才享有优惠）

Navigo 是巴黎专门办理地铁票的公司，巴黎人习惯直接使用这个词。Navigo 有提供各种天数内、游客可无限搭乘的方案。一般较常用的是月卡。

用法国人的一天学法语

- **l'ascenseur**
  [lasɑ̃sər]
  电梯

- **le quai**
  [lə kɛ/ke]
  站台

- **une affiche**
  [yn afiʃ]
  布告；广告

- **un panneau**
  [œ̃ pano]
  指示牌

- **les escalators**
  [le ɛskalatɔr]
  电扶梯

- **les escaliers**
  [lez ɛskalje]
  楼梯

- **une ligne**
  [yn liɲ]
  地铁线

- **un plan**
  [œ̃ plɑ̃]
  地图

- **le terminus**
  [lə tɛrminys]
  终点站

- **le signal sonore**
  [lə siɲal sɔnɔr]
  警报

- **une sortie**
  [yn sɔrti]
  出口

- **le RER**
  [lə rer]
  巴黎近郊铁路系统
  Réseau Express Régional 的缩写

- **un changement**
  [œ̃ ʃɑ̃ʒmɑ̃]
  换乘

9 巴黎地铁站 *Le métro à Paris*

Partie **2** 早安，法国！

[**A la station de métro**
在地铁站]

Wendy: Excusez-moi, bonjour, je voudrais aller au Marché des Enfants Rouges, est-ce que vous connaissez?

温蒂：不好意思，您好，我想要到红孩儿集市，请问您知道吗？

Alice: Le Marché des Enfants Rouges? Oui, bien sûr! C'est très connu et très sympa pour déjeuner.

艾莉丝：红孩儿集市？是的，当然知道！它非常有名，而且在那里用餐相当愉快。

Wendy: Comment peut-on y aller en métro?

温蒂：搭地铁如何去呢？

Alice: Maintenant, nous sommes à Concorde, vous prenez la ligne 1 direction Vincennes jusqu'à Hôtel de Ville et vous changez pour la ligne 11 jusqu'à Arts-et-Métiers.

艾莉丝：我们现在在协和广场站，您搭一号线往万塞讷方向到市政厅站，然后换乘十一号线到奥茨艾美提思站下车。

Wendy: D'accord, la ligne 1 et ensuite la ligne 11. Merci!

温蒂：好的，一号线，然后是十一号线。谢谢！

Alice: Vous êtes en voyage à Paris?

艾莉丝：您正在巴黎旅行吗？

Wendy: Oui, je suis arrivée, hier matin! C'est la première fois!

温蒂：是的，我昨天早上到达！这是我第一次到巴黎！

Alice: Bienvenue! Vous êtes déjà allée voir la Tour Eiffel et l'Arc de Triomphe?

艾莉丝：欢迎！您看过艾菲尔铁塔和凯旋门了吗？

Wendy: Non, pas encore, mais je pense y aller cet après midi!

温蒂：还没有，但我今天下午想去那里！

Alice: Très bien, l'Arc de Triomphe est sur la ligne 1 et la Tour Eiffel sur la ligne 6 et 9. C'est très facile à trouver!

艾莉丝：太好了，凯旋门在一号线上而艾菲尔铁塔在六号线及九号线上。很容易找到！

Wendy: Ligne 1 et ligne 6 et 9, entendu! Merci beaucoup!

温蒂：一号线及六号、九号线，知道了！非常感谢！

Alice: N'oubliez pas d'acheter un billet à l'automate!

艾莉丝：别忘了在自动售票机上买票！

Wendy: Ah, oui! C'est vrai! Merci, merci!

温蒂：是的！真的！谢谢，谢谢！

9 巴黎地铁站 Le métro à Paris

这些句子一定要会说
Phrases pratiques à utiliser 🎧 09-03

1) **Où est le métro le plus proche?**
   最近的地铁站在哪里呢？

2) **Juste là, au coin de la rue!**
   就在那里，那条街的转角处！

3) **Où est-ce que je peux acheter un billet?**
   我能在哪里买票呢？

4) **Un billet plein tarif, s'il vous plaît!**
   请给我一张全票，麻烦您！
   * plein tarif 全票；demi tarif 半票；tarif réduit 优惠票

5) **Je cherche le plan du métro.**
   我在找地铁路线图。

6) **Pour aller aux Champs-Elysées, c'est quelle ligne?**
   要去香榭丽舍大道，是哪条线呢？
   * pour aller à~ 表示 "去～（地方）"

7) **A quelle heure est le dernier métro?**
   末班地铁是几点呢？

8) **Est-ce qu'il y a un changement?**
   这里有交通换乘点吗？

9) **Quelle est la direction du train?**
   这列火车的方向是往哪里呢？

10) **C'est quelle station pour le Louvre?**
    哪一站能到卢浮宫呢？
    * C'est quelle station pour~? 表示 "哪一站能到～（地方）？"

11) Je connais mon chemin, merci!
我知道路了，谢谢！

12) Pour aller à Versailles, quel est le plus rapide, le métro ou le RER?
要去凡尔赛宫，地铁或 RER 哪一个最快呢？

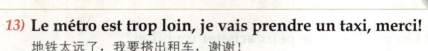

13) Le métro est trop loin, je vais prendre un taxi, merci!
地铁太远了，我要搭出租车，谢谢！

14) Je me suis perdu(e), pouvez-vous me renseigner?
我迷路了，您能帮我指路吗？

15) Merci beaucoup pour votre aide!
非常谢谢您的帮助！

16) J'ai coincé mon sac dans les portes, aidez-moi!
我的包被门卡住了，请帮我！

17) J'ai oublié mon sac sur le quai, que dois-je faire?
我把我的包忘在站台上了，我应该怎么做呢？

18) J'ai perdu mon porte-feuille à la station Passy, est-ce que vous l'avez trouvé?
我把钱包遗失在帕西站了，你们发现了吗？

19) Comment est-ce que je peux joindre le service des objets trouvés?
我如何能找到失物服务处呢？

20) A quelle heure est le premier train demain matin?
明早的第一班火车是几点呢？

语法练习 Grammaire

定冠词

定冠词用来指述一个已经知道的地方、人或物体和谈话对象，也用于讲述某个地方，例如：la Tour Eiffel（艾菲尔铁塔）、l'Arc de Triomphe（凯旋门）、le Marché des Enfants Rouges（红孩儿集市）、les puces（跳蚤市场）。

	单数	复数
阳性定冠词	le	les
阴性定冠词	la	les
元音前的定冠词	l'	les

例 A: J'aimerais aller au Marché des Enfants Rouges, vous connaissez?
B: Je le connais bien! J'habite à côté!
A：我想要去红孩儿集市，您知道在哪里吗？
B：我对那里很熟！我就住在旁边！

询问地方的句法

询问某个地方、物体或人时，我们可用疑问词 Où（在哪里）。
文 句型结构：Où + 动词 + 定冠词 + 对象
例 Où est le métro le plus proche?
最近的地铁站在哪里呢？
Où sont les toilettes?
厕所在哪里呢？
Où sont les automates pour acheter un billet?
能买票的自动售票机在哪里呢？

疑问代词

疑问代词 Quel(s) / Quelle(s) 和中文的"哪个"相同，也需要配合阳阴性和单复数做变化。
例 Quelle est la ligne de métro pour aller dans le Marais?
哪一条地铁线能去玛黑呢？
Quel est le meilleur restaurant?
最好的餐厅是哪一家呢？

【巴黎地铁的大小事】

因为在巴黎，所以一切都很巴黎！

　　巴黎地铁历史悠久，很多地铁站几乎都是没有手扶梯和厕所的！如果你手拿着行李箱，那巴黎地铁站内的众多楼梯绝对是你的噩梦！如果你闻到浓浓的尿骚味，那是因为有些路人在地铁站就地"方便"（地铁站内没有厕所，加上到外面的路程很长）。很多人都笑着说：如果巴黎有味道，一定不是香水味而是尿骚味！不过尽管如此，在巴黎地铁站每天总是可以看到很多精彩的片段，例如：街头艺人的快闪表演、塞纳河的日落时分，以及恋人的浪漫拥吻。因为在巴黎，所以一切都很巴黎！

　　近几年巴黎市政府开始翻修地铁站并结合艺术创作，所以某些地铁站如 **Tuileries**（杜勒丽站）、**Varenne**（罗丹美术馆站）及 **Louvre-Rivoli**（卢浮宫站）等都相当有特色！另外，也有些站因设计不良或是特殊缘故而被停用或变成电影场景，被巴黎人称为"**Fantômes**（鬼站）"，平常不得其门而入，只有在特殊节日时才会开放参观。

关于巴黎地铁：
巴黎大部分的重要景点都在一号线及十四号线上，大家可善加利用！要注意巴黎地铁的门开关很快，小心被夹到！

10 办公室生活 *La vie au bureau*

在法国，法定工作时间是一周三十五小时。他们习惯星期一到星期四上八小时的班，星期五则上半天。

Partie 2 早安，法国！

和法国人学单词 *Vocabulaire* 🎧 10-01

• **l'ordinateur**
[lɔrdinatœr]
电脑

• **le porte crayon**
[lə pɔrt krɛjɔ̃]
笔筒

• **la lampe de bureau**
[la lɑ̃p də byro]
台灯

• **le bureau**
[lə byro]
办公室

• **le téléphone**
[lə telefɔn]
电话

• **la chaise de bureau**
[la ʃɛz də byro]
办公椅

• **le tiroir**
[lə tirwar]
抽屉

• **un stylo à bille**
[œ̃ stilo a bij]
圆珠笔

• **le calendrier de bureau**
[lə kalɑ̃drije də byro]
台历

• **la calculatrice**
[la kalkylatris]
计算器

• **une règle**
[yn rɛgl]
尺

• **le cutter**
[lə kœtœr]
美工刀

• **le bloc-notes**
[lə blɔknɔt]
笔记本

• **l'agrafeuse**
[lagraføz]
订书机

41

用法国人的一天学法语

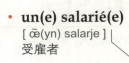

- **un(e) salarié(e)**
  [œ̃(yn) salarje]
  受雇者

- **le patron**
  [lə patrɔ̃]
  老板

- **le directeur**
  [lə dirɛktœr]
  经理

- **le / la DRH**
  [lə / la deɛraʃ]
  人事经理

  DRH = Directeur/rice des Ressources Humaines

- **le / la responsable**
  [lə / la rɛspɔ̃sabl]
  负责人

- **la pause-déjeuner**
  [la pozdeʒœne]
  午休时间

- **des tickets restaurant**
  [de tikɛ rɛstorɑ̃]
  餐券

- **un(e) collègue**
  [œ̃(yn) kɔlɛg]
  同事

- **la machine à café**
  [la maʃin a kafe]
  咖啡机

- **un(e) client(e)**
  [œ̃ klijɑ̃] ([yn klijɑ̃:t])
  男（女）客人

- **une facture**
  [yn faktyr]
  发票

- **le numéro professionnel**
  [lə nymero prɔfesjɔnɛl]
  公司电话

- **un contrat**
  [œ̃ kɔ̃tra]
  合同

- **les ventes**
  [le vɑ̃t]
  销售

- **le standard (téléphonique)**
  [lə stɑ̃dar (telefɔnik)]
  总机

- **une réunion**
  [yn reynjɔ̃]
  会议

- **l'entreprise**
  [lɑ̃trəpriz]
  公司

- **rappeler**
  [raple]
  提醒，再打电话来

- **un projet**
  [œ̃ prɔʒɛ]
  方案

- **le chiffre d'affaires**
  [lə ʃifr dafɛr]
  营业额

- **être en déplacement**
  [ɛtr ɑ̃ deplasmɑ̃]
  出差

10 办公室生活 *La vie au bureau*

Partie 2 早安，法国！

和法国人学会话 Dialogue 10-02

[**Dans l'entreprise**
  在公司]

Dans l'entreprise Louis Buitton 在路易布通公司

Réceptionniste: Louis Buitton, bonjour, que puis-je pour vous?
接待人员：路易布通，您好，我有什么能为您服务呢？

Client: Bonjour, je souhaiterais parler à la responsable des ventes s'il vous plaît?
客人：您好，我想和负责销售的人员谈话，麻烦您。

Réceptionniste: Oui, qui dois-je annoncer?
接待人员：好的，请问您是？

Client: M. Champenois.
客人：香本诺先生。

Réceptionniste: Très bien, Monsieur Champenois, je vous fais patienter un instant.
接待人员：好的，香本诺先生，请您耐心稍等片刻。

Client: Merci.
客人：谢谢。

43

用法国人的一天学法语

Après un instant 片刻后

Réceptionniste: M. Champenois, la responsable des ventes est actuellement en réunion, souhaitez-vous lui laisser un message?

接待人员：香本诺先生，负责销售的人员正在开会，您想留言给他吗？

laisser un message
留言、留下口信

Client: Oui, s'il vous plaît.

客人：好的，麻烦您。

Réceptionniste: Je vous écoute.

接待人员：请说。

Client: Pourriez-vous lui dire de me rappeler dès que possible à mon bureau?

客人：您能和他说请他尽快回电到我的办公室吗？

短语 dès que possible
= as soon as possible 尽快

Réceptionniste: C'est noté, M. Champenois .

接待人员：记下来了，香本诺先生。

Client: Très bien, je vous remercie, au revoir.

客人：非常好，谢谢您，再见。

Réceptionniste: Je vous en prie, M. Champenois , en vous souhaitant une bonne journée!

接待人员：不客气，香本诺先生，祝您有个美好的一天！

10 办公室生活 La vie au bureau

这些句子一定要会说
Phrases pratiques à utiliser 🎧 10-03

1) Comment puis-je vous aider ?
我可以怎么帮您呢？
* aider 帮助

2) Bonjour, je suis Didier Roblet de l'entreprise Verdis. Pourrais-je parler à Mme Pasternac ?
您好，我是威尔第公司的迪迪耶·罗布莱。我能和巴斯特纳克小姐说话吗？

3) Voici ma carte de visite.
这是我的名片。
* carte de visite 名片

4) Pourrais-je vous demander votre carte ?
我能向您要张名片吗？

5) Pourriez-vous me rappeler votre nom ?
您能再重复一次您的名字吗？

6) Je suis votre interlocuteur / interlocutrice concernant ce projet.
我是您这个专案的窗口（谈话者）。

7) Quelle est votre fonction dans l'entreprise ?
您在公司的职位是？
* fonction 职位

8) Je suis en charge du marketing.
我负责营销。

9) Je suis le responsable à l'export.
我负责出口贸易。

Partie 2 — 早安，法国！

10) A qui dois-je m'adresser concernant ce sujet?
   这个主题我应该找谁说呢？
   * s'adresser à~ 和某人说话；找某人帮忙

11) Qui est la personne responsable de ce projet?
   谁是这个专案的负责人呢？

12) Organisons une réunion pour en discuter.
   我们组织一个会议来讨论。

13) A quelle heure est la réunion?
   会议是几点呢？

14) L'entreprise réalise combien de chiffre d'affaires?
   公司营业额达到多少呢？

15) Connaissez-vous notre entreprise?
   您知道我们的公司吗？

16) Connaissez-vous nos produits / nos services?
   您知道我们的产品／服务吗？ * produit 产品

17) Nous aimons beaucoup vos produits / services.
   我们很喜欢你们的产品／服务。

18) Nous aimerions pouvoir collaborer davantage avec vous.
   我们希望和您有更多合作。 * collaborer davantage 合作更多

19) Allons en discuter autour d'un déjeuner!
   我们午餐时来讨论吧！

20) Avez-vous du temps pour en discuter?
   您有时间来讨论吗？

10 办公室生活 *La vie au bureau*

Partie 2 早安，法国！

语法练习 Grammaire

使用倒装问句来表示礼貌性的请求

根据相对应的场合及对话者，法语有许多不同的提问方式。在较正式且专业的场合中，我们会使用倒装问句来表示礼貌性的请求。这是组成问句最简单的方法，因为只要将主语及动词的顺序调换过来即可。

例 **Vous connaissez le chemin** → **Connaissez-vous le chemin?** 您认得路吗？
　 Vous aimez cette peinture → **Aimez-vous cette peinture?**
　　　　　　　　　　　　　　　您喜爱这幅画吗？
　 Vous venez avec nous → **Venez-vous avec nous?** 您要和我们一起来吗？
　 Vous avez du temps libre → **Avez-vous du temps libre?** 您有空吗？

过去时态——复合过去式

法语的过去时态有很多种，而"复合过去式"是最常用的过去时态。复合过去式适用于已经结束完成的动作。

文 句型结构：主语 + être 或 avoir 的动词变化 + 过去分词
例 以动词 voir 为范例：现在式第一人称 **Je vois**，过去式第一人称 **J'ai vu**

如何知道复合过去式中要用 être 或 avoir 呢？可查看下列表格：

使用 être 的动词	使用 avoir 的动词
表来去（移动）的动词 aller-venir 去 — 来 sortir-entrer 出去 — 进来 arriver-partir 抵达 — 出发 passer-retourner 经过 — 回来 monter-descendre 上升 — 下降 tomber-rester 掉落 — 停留 naître-mourir 出生 — 死亡	其余大部分都是用 avoir
有 se 的自反动词及相互代动词 se laver 洗澡（给自己） se regarder 看自己；互看 se parler 交谈 se maquiller 化妆	

47

用法国人的一天学法语

礼貌用词——先生，女士，不客气

在法国文化中，"礼仪"是相当重要的。它能在工作中，以及人与人的相处中，创造并维持良好的关系。有几个必须遵守的小规则：

1. 和不认识的人打招呼时，句尾记得加 Madame（女士）或 Monsieur（先生）。
例 **Bonjour Madame!** 女士，您好！
　　Au revoir Monsieur! 再见，先生！

2. 当有人和你道谢时，记得用 "Je vous en prie!" 来回答。
例 **Merci à vous pour votre aide.** 谢谢您的帮忙。
　　Je vous en prie! 不客气！
　　（**de rien** 是熟人间的用法，不适合用于工作场合！）

3. 礼貌地表示请求的用法：
文 句型结构：**Excusez-moi Monsieur / Madame, pourriez-vous + me +** 原形动词
例 **Excusez-moi Monsieur, pourriez-vous me dire où se trouve la salle de réunion?**
不好意思，先生，您能告诉我会议室在哪里吗？

法国人的秘密花园……
Secret de France

【法国人的工作与生活】

是否常听到法国人工作没有效率呢？

　　实际上在法国生活的体会就是什么事情都要等，因为有些事在法国就是急不来！法国人法定的工作时间是每周三十五小时。他们习惯星期一到星期四上八小时的班，星期五则上半天。建议星期五下午不要办任何事情，以免白跑一趟或是遇到不开心的留守人员。这也是星期五下午的露天咖啡座、公园或河边总是很热闹的原因。

　　法国人是个自我意识较强烈的民族，做事有他们自己的步调，所以急不来也管不得。他们很习惯表达自己的不满及意见，办公室内员工去和上司拍桌子的情况也就见怪不怪！另外，由于他们习惯不加班，所以上班时间几乎不会去上 facebook 或网购聊天，而是很专注地投入工作。当我们加班时要反思自己是否花太多时间在一些不必要的事情上。如果你发现加班并不是因为真的有事情做时，不妨抛开不必要的束缚，去享受下班后的生活！

11 巴黎时装周
La semaine de la mode à Paris

11 巴黎时装周 La semaine de la mode à Paris

Partie 2 早安，法国！

巴黎时装周始于 1910 年，一般分为"春夏"和"秋冬"两个部分，是国际的时尚舞台。

和法国人学单词 Vocabulaire

- **la semaine de la mode à Paris**
  [la səmɛn də la mɔd a pari]
  巴黎时装周

- **un défilé de mode**
  [œ̃ defile də mɔd]
  时装秀

- **la haute-couture**
  [la otkuty:r]
  高级时装

- **un(e) mannequin**
  [œ̃ (yn) mankɛ̃]
  模特儿

- **élégant(e)**
  [elegɑ̃ / elegɑ̃t]
  优雅的（人）

- **le prêt-à-porter**
  [lə prɛt-a pɔrte]
  成衣

- **chère / cher**
  [ʃɛ:r]
  昂贵

- **le luxe**
  [lə lyks]
  奢侈品

- **une robe**
  [yn rɔb]
  连衣裙

- **un(e) journaliste**
[œ̃ (yn) ʒurnalist]
男（女）记者

- **une coiffure**
[yn kwafyr]
发型

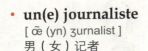

- **un(e) styliste**
[œ̃ (yn) stilist]
男（女）造型师

- **un pantalon**
[œ̃ pɑ̃talɔ̃]
裤子

- **un chemisier**
[œ̃ ʃəmizje]
女衬衫（长袖）

- **une chemise**
[yn ʃəmi:z]
衬衫

- **un costume**
[œ̃ kɔstym]
西装

- **un foulard**
[œ̃ fulər]
围巾

- **un tailleur**
[œ̃ tajoer]
裁缝师

- **une jupe**
[yn ʒyp]
裙子

11 巴黎时装周 La semaine de la mode à Paris

Partie 2 — 早安，法国！

[**Pendant la semaine de la mode**
法国时尚周期间]

A l'entrée du défilé de mode pendant la Semaine de la mode
在时尚走秀的入口

Hôtesse d'accueil: Bonjour Monsieur, avez-vous votre **badge** ?
入口接待员：先生您好，您的识别证呢？

badge 徽章；识别证

Invité: Bonjour, oui, le voici. Je suis venu voir le défilé du Styliste Charles Lagerfile, il reste encore de la place ?
受邀者：您好，识别证在这里。我来看设计师查尔斯·拉格斐的时装秀，还有位子吗？

Hôtesse d'accueil: Un instant, je vais voir. Il nous reste encore une place au premier rang et une place au troisième rang. Où est-ce que je vous place ?
入口接待员：稍等一下，我看看。还剩下两个位子，分别在第一排和第三排。我帮您安排在哪儿呢？

Invité: Au 1er rang, ça sera parfait! C'est bien le défilé printemps-été mode masculine, n'est ce pas?

受邀者：在第一排将会最棒！这是春夏男性时尚走秀，对吧？

> le défilé printemps-été 春夏走秀；le défilé automne-hiver 秋冬走秀

Hôtesse d'accueil: Oui, tout à fait, Monsieur. Il sera suivi par le défilé printemps été mode féminine d'une styliste coréenne, puis celui d'un styliste italien.

入口接待员：是的，完全正确，先生。它是接着韩国女设计师的春夏女性时尚走秀的，然后是意大利设计师的秀。

Invité: Très bien. Je dois m'inscrire pour assister à ceux-ci aussi?

受邀者：太棒了，我参加这个也要报名吗?

Hôtesse d'accueil: Non, votre place est réservée pour les trois défilés.

入口接待员：不用的，您的位子可看三个秀。

Invité: Super.

受邀者：太棒了！

Hôtesse d'accueil: Voici votre badge, bon défilé!

入口接待员：这是您的识别证，祝您看秀愉快！

Invité: Merci!

受邀者：谢谢！

11 巴黎时装周 La semaine de la mode à Paris

这些句子一定要会说
Phrases pratiques à utiliser

 11-03

1) **Savez-vous où se déroule la semaine de la mode?**
   您知道时装周在哪里进行吗？

2) **Je représente une entreprise d'import-export, nous sommes intéressés par vos créations.**
   我是公司进出口的代表，我们对您的创作很感兴趣。

3) **Nous aimerions acheter quelques unes de vos créations, est-ce possible?**
   我们想要买一样你们的创作，请问可以吗？

4) **Permettez-vous que je prenne des photos?**
   你们允许我拍个照片吗？

5) **Quelles sont les tendances actuelles d'après vous?**
   照你们说现在的流行趋势是什么呢？
   * d'après 根据；依照

6) **Quelles sont les tendances de la mode dans votre pays?**
   你们国家的流行趋势是什么呢？

7) **Pourriez-vous me présenter vos créations?**
   您能给我介绍一下您的创作吗？

8) **Savez-vous où se trouve la salle des défilés?**
   您知道走秀的会场在哪里吗？

9) **Je suis venu(e) assister au défilé.**
   我是来参加走秀的。

10) **Connaissez-vous le / la styliste?**
    您知道这位设计师吗？

11) **Son style est très en vogue en ce moment.**
他的风格最近非常流行。 * en vogue 流行；时髦

12) **Combien coûte ce modèle?**
这模特儿价值多少钱呢？

13) **J'aime beaucoup le style de ce styliste.**
我很喜欢这个设计师的风格。

14) **Savez-vous où je peux rencontrer les mannequins de ce défilé?**
您知道在哪边能遇到这个走秀的模特儿吗？

15) **Le défilé de Chanel cette année s'est déroulé dans un célèbre restaurant.**
香奈儿今年的走秀在一家著名的餐厅进行。 * se dérouler 进行；发生

16) **Les grandes maisons de couture organisent aussi des défilés hors semaine de la mode.**
这些时装店在巴黎时装周外也会举办走秀。

17) **Les stars s'assoient souvent au premier rang des défilés.**
明星通常都坐在走秀台的第一排。

18) **A quelle heure est prévue la conférence de presse?**
记者招待会预备在几点呢？ * la conférence de presse 记者招待会

19) **Je suis journaliste et j'aimerais vous poser quelques questions.**
我是记者，我想向您提几个问题。

20) **Est-ce que je peux prendre une photo à côté de vous?**
我能在你们身边拍个照吗？

语法练习 Grammaire

名词的阴阳性

法语中的名词作阴阳性变化时，一般只要在名词前加上冠词的阴性或阳性来转换就可以了。

例 un élève 男学生 / une élève 女学生
　　un journaliste 男记者 / une journaliste 女记者
　　un collègue 男同事 / une collègue 女同事

有些名词做阴性变化时，有特殊的词尾变化。例如：

阳性名词		阴性名词	
un étudiant	男学生	une étudiante	女学生
un salarié	男员工	une salariée	女员工
un marchand	男商人	une marchande	女商人
un boulanger	男面包师傅	une boulangère	女面包师傅
un chinois	中国男人	une chinoise	中国女人
un coiffeur	男理发师	une coiffeuse	女理发师
un parisien	巴黎男人	une parisienne	巴黎女人
un prince	王子	une princesse	公主
un ami	男性朋友	une amie	女性朋友
un américain	美国男人	une américaine	美国女人

指示代词

指示代词是用来清楚表达谈论中某个相关联的人、物体或地方，请参考下表。

种类		范例	中文
阳性	ce	跟单数阳性名词使用 ce styliste（这个设计师）、ce mannequin（这个模特儿）	这
阳性元音前	cet	跟单数阳性元音起首或 h 哑音的名词使用 cet homme（这个男人）、cet hôtel（这家旅馆）	这
阴性	cette	跟单数阴性名词使用 cette maison de couture（这家时装店）、 cette création（这个创作）	
复数	ces	跟复数阴阳性名词使用 ces défilés（这些游行）、ces stars（这些明星）	这些

n'est - ce pas? 是吗？ / tout à fait 完全正确

当我们向对话者询问及确认事实时，可以在句子结尾加上"n'est-ce pas?"的句型来表示。如要表示坚定确认的回复则可用"tout à fait""oui""exactement"。

例 Q：Le défilé de Jean Paul Gauthier, c'est cet après-midi, n'est-ce pas?
A：Oui, tout à fait.
Q：让·保罗·高缇耶的走秀在今天下午举行，是吗？
A：是的，完全正确！

Q：Vous venez me chercher à 8h demain matin dans le lobby de l'hôtel, n'est-ce pas?
A：Oui, tout à fait.
Q：您早上八点来饭店的大厅找我，是吗？
A：是的，完全正确！

Secret de France

[巴黎时装周]

时尚花都巴黎，设计人必访的城市！

　　巴黎、米兰、纽约和伦敦为世界四大时尚城市，也是设计师梦想的最高殿堂！巴黎时装周始于 **1910** 年，一般分为春夏（二、三月）及秋冬（九、十月）两个部分。由于法国崇尚也尊重自由，巴黎时装周成为最国际的时尚舞台。巴黎时装周是由法国高级时装公会（Fédération Française de la Couture du Prêt-à-Porter des Couturiers et des Créateurs de Mode）创立的。该公会前身可追溯至 **1868** 年的高级时装协会（La Chambre Syndicale de la Haute Couture），而后又与高级成衣设计师协会（La Chambre Syndicale du Prêt-à-Porter des Couturiers et des Créateurs de Mode）和高级男装协会（La Chambre Syndicale de la Mode Masculine）合并，才成为现今公会的组织结构。有关公会的最新消息可到官网（http://www.modeaparis.com/fr）查询。

小知识
一般民众可进去参观吗？
巴黎时装周通常只开放给相关业者及收到邀请函的贵宾，但活动举行期间我们也可以看到一些人穿戴自己设计的服装站在活动会场外吸引媒体或品牌注目。至于这样的行为对自创品牌是加分还是扣分，那就见仁见智啰！

12) 赶场开会去！ Vite, on a une réunion!

对法国人来说，出席一般的聚会时，通常习惯晚到一些，但如果是正式的会议，还是要准时！

和法国人学单词 Vocabulaire
 12-01

- **monter dans un taxi**
  [mõte dãz-œ̃ taksi]
  上出租车

- **un itinéraire**
  [œ̃n-itinerɛːr]
  旅程；路线

- **le tarif**
  [lə tarif]
  价钱

- **garder la monnaie**
  [garde la mɔnɛ]
  留下零钱

- **faire une facture**
  [fɛr yn faktyr]
  开发票

- **le bus**
  [lə bys]
  公车

- **les feux de circulation**
  [le fø də sirkylasjõ]
  红绿灯

- **indiquer le chemin**
  [ɛ̃dike lə ʃəmɛ̃]
  指路

- **montrer l'adresse**
  [mõtre ladrɛs]
  显示地址

- **prendre la route la plus courte**
  [prãdr la rut la ply kurt]
  走最短的路线

- **connaître le chemin**
  [kɔnɛtr lə ʃəmɛ̃]
  认识路

- **sauter dans un taxi**
  [sote dãz-œ̃ taksi]
  下出租车

- **les transports en commun**
  [le trãspɔr-ã kɔmɛ̃]
  大众交通工具

- **la circulation**
  [la sirkylasjõ]
  交通

- **être pressé(e)**
  [ɛtr prese]
  急于 ~

- **vite**
  [vit]
  快速

- **un embouteillage**
  [œ̃n-ãbutɛjaːʒ]
  堵车、交通堵塞

- **une voie rapide**
  [yn vwa rapid]
  快车道

- **arriver juste à temps**
  [arive ʒyst-a tã]
  刚好抵达

- **être en avance**
  [ɛtr-ãn avãs]
  早到

- **être en retard**
  [ɛtr-ã rətar]
  迟到

- **garder son calme**
  [garde sɔ̃ kalm]
  保持冷静

- **louper la réunion**
  [lupe la reynjɔ̃]
  错过会议

- **la salle de réunion**
  [la sal də reynjɔ̃]
  会议室

- **présenter ses excuses**
  [prezãte sez-ɛksky:z]
  表达借口

12 赶场开会去！ *Vite, on a une réunion!*

Partie 2
早安，去国！

[**Dans un taxi**
出租车内]

Alice : **Taxi!**
艾莉丝：出租车！

法国出租车起跳价为 2.4 欧元，最低费用为 6.4 欧元。

Le Taxi: **Vous allez où Mademoiselle?**
出租车司机：小姐，您要去哪里呢？

Alice : **Je suis en retard, jusqu'à l'Odéon s'il vous plait!**
艾莉丝：我迟到了，要到奥德翁，麻烦您！

Le Taxi : **C'est parti!**
出租车司机：出发！

59

Alice : **Vous pourriez passer par les quais, s'il vous plaît?**
艾莉丝：您能走河堤那边吗？麻烦您！

Le Taxi: Bien sûr, j'espère qu'il n'y a pas trop de circulation.
出租车司机：当然，我希望那里没太多车辆。

Alice : Moi aussi, j'ai une réunion dans 10 minutes et c'est moi qui l'anime…
艾莉丝：我也希望如此，十分钟后有个我主持的会议……

Le Taxi: Oh, je vois…vous êtes vraiment en retard!
出租车司机：我想……您真的要迟到了！

Alice : Je compte sur vous pour ne pas l'être davantage!
艾莉丝：我相信您也无法让我更早到了！

Le Taxi: C'est entendu! Je vais faire de mon mieux!
出租车司机：明白了！我会尽我最大能力！

Le taxi file à vive allure et fini par arriver devant l'immeuble
出租车以飞快的速度抵达大楼前

Alice : *(tendant de l'argent au taxi)* **Merci à vous!**
艾莉丝：（递钱给出租车司机）谢谢您！

Elle court pour entrer dans l'immeuble
她向大楼里跑去

Alice : *(arrivant dans la salle de réunion, tout le monde est déjà assis)* **Je vous prie de m'excuser pour ce retard. Nous pouvons commencer la réunion maintenant.**
艾莉丝：（到达会议室时，所有的人已经坐好）请你们原谅我的迟到。我们现在可以开始进行会议了。

12 赶场开会去！ **Vite, on a une réunion!**

1) **À l' Hôtel de ville, s'il vous plaît!**
   到市政厅，麻烦您！

2) **Le plus rapidement possible car je suis pressé(e), merci!**
   以最快的速度，因为我很急，谢谢！
   * 注意 rapidement 是副词

3) **Pourriez-vous passer par les quais de Seine?**
   您能从塞纳河岸那里走吗？

4) **Je vous dois combien?**
   我要给您多少钱呢？

5) **Pouvez-vous me faire une facture?**
   您能给我开个收据吗？

6) **Je suis ici pour participer à la réunion de Publicis.**
   我在这里是参加帕布西斯公司的会议。
   * participer à ～ 参加；参与

7) **Pourriez-vous m'indiquer le chemin?**
   您能帮我指个路吗？

8) **C'est quelle salle?**
   是哪一个房间呢？

9) **Ça a déjà commencé?**
   已经开始了吗？

10) **Merci de votre aide!**
    谢谢您的帮忙！

11) Je vous prie de m'excuser pour mon retard!
请您原谅我的迟到。

12) Il y avait des **embouteillages** sur la route.
路上有些堵车。
* **embouteillages** 堵车

13) Qui sont les participants de la réunion?
参加会议的有谁呢？

14) Quel est l'objet de la réunion?
会议的目的是什么呢？

15) À quel moment je peux participer?
什么时候我能参与呢？

16) J'aimerais **prendre la parole**.
我想要接着说话。
* **prendre la parole** 接话

17) Excusez-moi de vous interrompre.
请原谅我打断您的话。

18) J'ai quelques éléments à apporter sur le sujet.
我有几份资料提供给主题。

19) Je suis tout à fait d'accord avec ce qui a été exposé.
我完全同意刚刚阐述的事。

20) Je pense qu'il faut encore revoir certains points.
我想有些地方还必须再看看。

12 赶场开会去！Vite, on a une réunion!

语法练习 Grammaire

名词的复数

在法语中，表示名词复数的方式有规则及不规则两种。

1. 规则：在字尾加 s，大多用于 e、t、d 或 r 结尾的单词。
例 un étudiant / une étudiante 一个学生 →
des étudiants / des étudiantes 学生们
un salarié / une salariée 一个受雇者 →
des salariés / des salariées 受雇者们

2. 不规则：-eau、-au、-eu、-ou、-ail、-et、-al 等多种字尾，在后面加上 x。
例 un gâteau 一块蛋糕 → des gâteaux 一些蛋糕
un bijou 一件珠宝 → des bijoux 一些珠宝

3. 结尾做不规则变化。
例 un travail 一件工作 → des travaux 一些工作
un journal 一份报纸 → des journaux 一些报纸

4. 若单词词尾以 s、x、z 结尾，复数则不用变化。
例 un pays 一个国家 → des pays 一些国家
un prix 一个价格 → des prix 一些价格

连接想法的词汇

用法语表达想法或呈现报告时，必须顺着思考逻辑的脉络而行，法国人非常注重这一点。可用下面的句子组合结构来写文章：

文 Tout d'abord（首先）＋事情, ensuite（然后）＋事情, enfin（终于）＋事情, donc（所以）＋解决, parce que ＋原因

例 Tout d'abord je pense que notre Ière idée de produit est la meilleure, ensuite d'après les ventes du mois dernier notre Zère idée de produit n'a pas marché comme prévu. Enfin, en comparaison avec d'autres pays, nos ventes sont maintenant en net recul. Donc, je vous propose de reprendre notre Ière idée de produit et de refaire tout le projet marketing.

首先我觉得我们第一个产品的想法是最棒的，然后上个月的销售结果证明我们第二个产品的想法不如预期。最后，和其他国家相比，现在我们的销售是在大幅衰退，所以我建议你们重新采用第一个产品的想法并重做营销计划。

63

用法国人的一天学法语

文 **parce que**（因为）不能用在句首，句首应使用 **comme**（因为）。
例 **Comme** il pleut, je pense rester chez moi aujourd'hui.
因为下雨，我今天想待在家。
Je pense rester chez moi aujourd'hui **parce qu'il** pleut.
我今天想待在家，因为今天下雨。

文 例外情形：在回答 **pourquoi**（为什么）问句句型时，**parce que** 可放在句首。
例 **Pourquoi** tu ne viens pas demain?
为什么明天不来呢？
Parce qu'il pleut.
因为会下雨。

法国人的秘密花园……
Secret Garden

【法国人的时间观念】

和法国人约见千万不要提早到！

　　如果你有机会受邀至法国人家中用餐或是出席聚会，请准时到或迟一会儿到。因为法国人很重视在家中举办的聚会，他们通常都会花很多时间来准备。不论是餐点或家中布置，他们都希望能以最佳状态来迎接客人，所以提早到反而不是件好事！建议可带瓶葡萄酒或气泡酒当伴手礼，更能显示礼貌。花虽然也是很好的伴手礼，但有时反而会让主人因找不到适当的瓶器而感到困扰。对于相当讲究生活的法国人来说，我们要避免因文化差异所造成的鲁莽行为。当然，如果是正式会议场合，请不要迟到！

小知识

法国人的用餐时间：
一般法国人的用餐时间：早餐是七点至九点，午餐是十二点至下午两点，晚餐较特别，是在八点至九点。晚餐时间和中国相比要更晚些，所以法国人到中国时通常都会觉得不是才刚吃完午餐，怎么又要吃晚餐？虽然法国人没有下午茶的习惯，但在午餐和晚餐间还是会吃点小点心和喝点咖啡来放松一下的。

64

13) 午餐就来份火腿三明治吧！
Allons manger un sandwich à midi!

14) 愉快的午后散步 Une belle promenade

15) 去银行办事 A la banque

16) 难以抗拒的美味甜点
Difficile de résister à ces pâtisseries

17) 上图书馆找资料 Faire des recherches à la bibliothèque

18) 在公园也能上网收 E-mail
E-mail et Internet dans les espaces verts

13 午餐就来份火腿三明治吧！
Allons manger un sandwich à midi!

法国餐厅的午餐通常是从中午十二点供餐到下午两点左右。对上班族而言，午餐时间便是与同事或友人的社交时间。

和法国人学单词 Vocabulaire
🎧 13-01

- **un croque-monsieur**
  [œ̃ krɔkməsjə]
  法式吐司（吐司先生）

- **un croque-madame**
  [œ̃ krɔkmadam]
  法式吐司加蛋（吐司女士）

- **un steak frites**
  [œ̃ stɛk frit]
  牛排加薯条的餐点

- **grignoter**
  [griɲɔte]
  啃

- **prendre à emporter**
  [prɑ̃dr a ɑ̃pɔrte]
  外带

- **un sandwich**
  [œ̃ sɑ̃dwitʃ]
  三明治

- **manger sur le pouce**
  [mɑ̃ʒe syr lə pu:s]
  站着匆忙地吃

- **une brasserie**
  [yn brasri]
  啤酒店

- **une salade**
  [yn salad]
  沙拉

- **un bistrot**
  [œ̃ bistro]
  小酒馆

Partie 3

午宴，法国！

- **une formule déjeuner**
[yn fɔrmyl deʒœne]
午餐套餐

- **une formule Express**
[yn fɔrmyl ɛksprɛs]
简餐套餐

- **le déjeuner**
[lə deʒəyne]
午餐

- **la cantine**
[la kɑ̃tin]
食堂

- **un ticket restaurant = un ticket "resto"**
[œ̃ tikɛ rɛstorɑ̃] = [œ̃ tikɛ rɛsto]
餐券

13 午餐就来份火腿三明治吧！ *Allons manger un sandwich à midi!*

Partie **3**

和法国人学会话 Dialogue

MP3 13-02

[**Pendant le déjeuner**
午餐间]

Fabienne: Alice! T'es voilà! Tu viens déjeuner avec nous?
法碧恩：艾莉丝！你在这里啊！你要和我们一起吃午餐吗？

Damien: Oui, viens avec nous! On connait un petit resto sympa.
达米安：对啊，和我们来！我们知道一家温馨的小餐厅。

> resto 是 restaurant 的缩写

Alice : OK, je vous suis!
艾莉丝：好，我跟你们去！

Ils arrivent devant le fromager...
他们抵达干酪店前……

Alice : C'est ici? C'est très mignon! Il y a même un petit étal dehors comme sur un marché!
艾莉丝：是这里？这实在太可爱了！就像在市场上一样，甚至还有些小摊位在外面！

Fabienne: Oui, tiens tu peux choisir des sandwichs...
法碧恩：是啊，瞧，你还能选些三明治……

Alice : *(Elle s'adresse au fromager)* Bonjour, est-ce que la boisson est comprise dans la formule?

艾莉丝：（她走向干酪店员）您好，请问套餐内含饮料吗？

Le fromager: Bonjour, non, c'est à part. C'est 1€ pour les canettes et 2€ pour les bouteilles de 50cl.

干酪店员：您好，没有的，饮料另点。这罐装的一欧元，而50cl瓶装的两欧元。

Fabienne: Moi, je prends une formule avec une canette d'eau gazeuse, s'il vous plaît.

法碧恩：我呢，我点一份套餐加一罐气泡水，麻烦您。

Le fromager: Entendu. Et pour vous Monsieur, qu'est-ce que ce sera?

干酪店员：好的。先生您呢，需要什么？

Damien: Pour moi, ça sera juste une formule!

达米安：我的话，只要一份套餐就好！

Le fromager: Une formule pour Monsieur. Et ensuite, pour Mademoiselle?

干酪店员：给先生一份套餐。接着，小姐您呢？

Alice : Moi aussi, je prends une formule, est-ce que je peux remplacer le yaourt par un autre dessert? **J'ai le bec sucré...!**

艾莉丝：我也一样，我点一份套餐，请问我能把酸奶换成甜点吗？我爱吃甜食……！

> J'ai le bec sucré 我有张爱甜食的嘴，即指"爱吃甜食"

Le fromager: Normalement, non, mais je vais faire une exception! Dites-moi!

干酪店员：一般来说，不行的，但我为您开个先例！和我说吧！

13 午餐就来份火腿三明治吧！　　Allons manger un sandwich à midi!

Partie 3

三安，云画！

1) **On a le temps de manger un morceau?**
我们有时间吃点小东西吗？
* un morceau 一片；一块（食物）

2) **Je connais un bon endroit pour déjeuner.**
我知道有个吃午餐的好地方。

3) **Connaissez-vous un bon endroit pour déjeuner?**
您知道吃午餐的好地方吗？

4) **Ce restaurant a l'air pas mal!**
这家餐厅好像不错！
* avoir l'air 似乎；好像

5) **C'est rapide et pas cher, c'est parfait!**
很快且不贵，完美！
* 记住不能用 c'est vite，因为 vite（快）是副词，而 rapide 是形容词。

6) **Est ce que vous faites à emporter?**
请问您要外带吗？　　* à emporter 外带

7) **Est ce que vous avez des formules à emporter?**
请问你们有外带的套餐吗？

8) **Est ce que la boisson est comprise?**
请问饮料包含在内吗？

9) **Qu'est-ce que vous voulez manger?**
你们想吃什么？

10) **Qu'est-ce que vous me conseillez?**
你们能给我什么建议呢？

71

用法国人的一天学法语

11) Je ne connais pas ce plat, qu'est ce que c'est?
我不知道这道菜，这是什么呢？

12) Une formule express à emporter, c'est possible?
一份简餐外带，可以吗？

13) Je vais prendre un croque-monsieur à emporter, s'il vous plaît!
我想要外带一份吐司，麻烦您！

14) Est ce que je peux ajouter une boisson?
请问我能加杯饮料吗？

15) Aujourd'hui, c'est moi qui vous invite!
今天是我请客！

16) Je peux payer par carte?
我能用卡付钱吗？

17) Vous prenez les tickets restaurant?
您要用餐券吗？

18) Je vais régler pour tout le monde.
我请大家。
* régler 处理；结算（这句和例句 15 的意思是一样的）

19) Pourriez-vous me donner un reçu, s'il vous plaît!
请您给我收据，麻烦您！

20) Je peux vous prendre des serviettes?
您能给我一些餐巾吗？

13) 午餐就来份火腿三明治吧！ *Allons manger un sandwich à midi!*

语法练习 Grammaire

疑问代词 quoi / qu'est - ce que

对于某物件或某地方有疑问时，可以用疑问代词 quoi（用于熟人间）和 qu'est ce que（正式及礼貌的用法）来提出问题。在专业的环境中，我们会优先使用正式及礼貌的问句。

例 A: Qu'est ce que c'est? B: C'est un bœuf Bourguignon.
　　A：这是什么？　B：这是勃艮第牛肉。
　　A: C'est quoi? B: C'est un album de famille.
　　A：这是什么？　B：这是家人的相簿。

征求许可 pouvoir / est-ce que

在法语中，若要询问做一件事情的可能性，可以用动词 pouvoir 和疑问词 est-ce que。

文 句型结构：Est-ce que + 主语 + pouvoir（现在式）+ 原形动词 + 其他
例 Est-ce que je peux prendre une photo? 我能拍张照片吗？

让主语更加突显的句型

为了强调或突显一个人所做的动作，我们可使用下述的句型结构。

文 句型结构：C'est + 人称代词 + qui + 动词变化 + 其他

人称代词特别用来突显做动作的主语：

人称代词	重读音代词
je	moi
tu	toi
il / elle	lui / elle
nous	nous
vous	vous
ils / elles	eux / elles

例 A: Le voyage est très bien organisé! B: Oui, c'est lui qui a tout préparé.
　　A：这趟旅行规划得非常好！ B：是啊，这全是他准备的。
　　A: Nous avons tous les bagages, où sont les clefs?
　　B: C'est moi qui les ai!
　　A：我们准备好所有的行李了，钥匙在哪里呢？ B：在我这里！

用法国人的一天学法语

法国人的秘密花园
Secret de France

【法国起司的小故事】

起司爱好者的天堂——法国

　　法国的起司种类超过四五百种，每天都可换吃不同口味的起司。对于喜爱起司的朋友，法国简直是天堂！关于起司的由来，相传是约六千年前的阿拉伯人将牛奶和羊奶放入皮革器具内以方便沿途饮用，后来却因意外发酵产生变化而产生起司的雏形，后来欧洲人才制定出起司的制作方法。

　　法国最有名的起司是 **Camembert**，名字源于 **Basse-Normandie** 区的同名小镇。很多人不太清楚起司要怎么选，其实这和选葡萄酒的道理一样，自己觉得哪款美味就挑哪一款，不要被价格的偏见所困惑，因为有些味道较重的起司对于中国人来说接受度不是那么高，就如同要外国人吃我们的臭豆腐一样！

　　另外，建议吃起司时，可以搭配蜂蜜、番茄干、橄榄油及香醋等一起食用。起司有不同的风味及口感。当然，最棒的还是找瓶适合的葡萄酒搭配，毕竟起司的最佳搭搭还是葡萄酒！至于起司和葡萄酒怎么搭配，就是一门大学问了，不如用自己的味蕾找出最棒的组合吧！

Qu'est-ce que vous voulez manger?

14 愉快的午后散步 Une belle promenade

Partie 3

午餐过后，不妨在附近散散步吧！只要保持轻松愉快的心情，随处都能放慢脚步。沿着香榭丽舍大道散步到协和广场是个不错的选择。

和法国人学单词 Vocabulaire

 14-01

- **un jardin**
  [œ̃ ʒardɛ̃]
  花园

- **un quartier historique**
  [œ̃ kartje istɔrik]
  有历史的街区

- **un square**
  [œ̃ skwa:r]
  广场

- **descendre**
  [desɑ̃dr]
  沿……而下

- **un pont**
  [œ̃ pɔ̃]
  桥

- **les monuments**
  [le mɔnymɑ̃]
  （纪念性）建筑物；古迹

- **passer devant...**
  [pase dəvɑ̃]
  走过……前面

- **une place**
  [yn plas]
  广场

- **une rue**
  [yn ry]
  路

- **les quais**
  [le kɛ/ke]
  河边

- **la vue**
  [la vy]
  景点

- **une ruelle**
  [yn ryɛl]
  巷

- **un quartier**
  [œ̃ kartje]
  街区

- **une terrasse**
  [yn tɛras]
  露台、阳台

用法国人的一天学法语

- **une avenue**
  [yn-avny]
  大街

- **une allée**
  [yn-ale]
  车道

- **se promener**
  [sə prɔmne]
  散步

- **changer d'air**
  [ʃɑ̃ʒe dɛːr]
  转换心情

- **se balader**
  [sə balade]
  闲逛

- **discuter**
  [diskyte]
  讨论

- **se prendre la main**
  [sə prɑ̃dr la mɛ̃]
  牵手

- **prendre des photos**
  [prɑ̃dr de fɔto]
  拍照

- **faire les puces**
  [fɛr le pys]
  逛跳蚤市场

- **se faire guider**
  [sə fɛr gide]
  被向导

- **se faire tirer le portrait = se faire dessiner le visage**
  [sə fɛr tire lə pɔrtrɛ] = [sə fɛr desine lə vizaːʒ]
  被画张肖像

14 愉快的午后散步 *Une belle promenade*

和法国人学会话 Dialogue 🎧 14-02

[**Aux Champs-Elysées**
香榭丽舍大道上]

Après déjeuner, Fabienne décide d'emmener Alice pour une promenade le long des Champs Elysées puis Place de la Concorde…
午餐过后,法碧恩决定带艾莉丝从香榭丽舍大道散步到协和广场……

> sur le pouce
> 站着匆忙吃

Fabienne: Ce déjeuner sur le pouce m'a rempli l'estomac. Allons marcher un peu, ça va nous faire du bien!

法碧恩:这顿站着匆忙吃的午餐,让我胃很胀。我们走一下,将会好一些!

Alice: Bonne idée! Où veux-tu aller?

艾莉丝:好主意!你要去哪里呢?

Fabienne: On va descendre les Champs jusqu'à Place de la Concorde. J'aime bien me promener en discutant.

法碧恩:我们将沿香榭丽舍大道往下走到协和广场。我喜欢边散步边聊天。

Alice : Oui, moi aussi, allons-y!

艾莉丝:对啊,我也是,我们走吧!

Toutes les deux commencent à descendre les Champs-Elysées, passant devant des boutiques de luxes et de grandes marques…
两个人开始沿着香榭丽舍大道走，经过一些精品及大品牌的商店前……

Fabienne: Il y a tellement de touristes qui visitent cette avenue, je suis toujours surprise!
法碧恩：对于有这么多游客来逛这条路，我总是觉得惊讶！

Un touriste s'approche d'elle pour lui demander un renseignement....
一位游客靠近她，为了向她询问事情……

s'approche 走近；靠近

Le touriste: Excusez-moi, pourriez-vous m'indiquer le chemin pour aller au Grand Palais?
游客：不好意思，您能为我指引去往巴黎大皇宫的路吗？

Fabienne: Oui, descendez l'avenue jusqu'au prochain carrefour puis tournez à droite, c'est juste en face!
法碧恩：好的，沿着这条路走到下个路口，然后右转，就在对面！

Le touriste: Merci bien!
游客：非常感谢！

Fabienne: Je vous en prie!
法碧恩：不客气！

Alice : Tu connais bien Paris!
艾莉丝：你对巴黎很熟悉！

Fabienne: Je me promène dans Paris en discutant avec des copines tous les week-ends, donc tu sais, au bout d'un moment, tu connais Paris comme ta poche! C'est aussi un bon moyen de se faire une idée des quartiers qui bougent!
法碧恩：我每个周末都和我的朋友在巴黎边散步边聊天，所以你知道的，过一阵子后，你就对巴黎了如指掌了！这也是个确切了解这一区域变动的好方法。

14 愉快的午后散步 Une belle promenade

Partie 3 午安，法国！

1) **Allons nous promener!**
   我们去散步吧！

2) **Tu as du temps pour aller faire une balade?**
   你有时间去散步吗？
   * faire une balade "散步"的另一种说法

3) **Vous avez le temps pour une promenade?**
   你们有时间散步吗？

4) **Pourriez-vous m'indiquer le chemin pour l'Opéra?**
   您能指引我到欧贝拉的路吗？

5) **J'aime bien me promener en écoutant de la musique.**
   我很喜欢散步时听音乐。
   * écouter de la musique 听音乐

6) **C'est agréable de se promener en bonne compagnie.**
   和好伙伴散步是非常愉快的。
   * bonne compagnie 好伙伴

7) **Excusez-moi, où se trouve la rue de la Paix?**
   不好意思，巴伊克斯这条路在哪里呢？

8) **Je me suis fait indiquer la mauvaise direction…**
   我被指引到错的方向上了……。

9) **Pourriez-vous m'aider? Je cherche la rue Mouffetard.**
   您能帮我一个忙吗？我正在找穆费塔这条路。

10) **Excusez-moi, est-ce que vous connaissez le quartier?**
    不好意思，您熟悉这个街区吗？

11) **Est-ce que le cimetière du Père Lachaise est près d'ici?**
拉雪兹神父公墓在这附近吗？

* le cimetière du Père Lachaise （拉雪兹神父公墓）在巴黎二号线 Philippe Auguste 站，是法国很有名的公墓，很多名人（如：巴尔扎克）都葬在这里。

12) **Je crois que je suis perdu(e), pourriez-vous m'aider?**
我想我迷路了，您能帮帮我吗？ * être perdu 迷路

13) **J'aime beaucoup cet endroit pour se promener.**
我非常喜欢在这个地方散步。

14) **Avez-vous un endroit à me recommander pour se promener?**
您有地方推荐给我散步吗？

15) **Quel est votre quartier préféré? Pourquoi?**
您喜爱哪一个街区？为什么？

16) **D'après vous, où devrais-je aller me promener?**
在您看来，我应该去哪里散步呢？ * d'après 根据；按照

17) **Il y a beaucoup de monde ici, je préfère un endroit calme.**
这里人很多，我较喜爱安静的地方。

18) **Vous connaissez un endroit calme pour se promener?**
您知道一个可以散步的安静地方吗？

19) **J'aime me balader et prendre des photos.**
我喜欢闲逛和拍照。

20) **Et toi, où vas tu pour changer d'air?**
你呢？你都到哪里转换心情？ * changer d'air 转换心情

14 愉快的午后散步 Une belle promenade

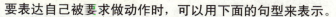

语法练习 Grammaire

"被"做什么动作

要表达自己被要求做动作时，可以用下面的句型来表示。

文 受到动作的主语 + se faire + 原形动词（+ par 被 + 做动作的主语）

例 Je me fais couper les cheveux. 我的头发被剪掉了。
Je me suis fait conseiller un bon vin. 我"被"建议来一瓶好红酒。
Je me suis fait examiner chez le médecin. 我在这"被"医生做诊疗。

"同时发生"的动作

两个动作在同一时间发生时，可借"副动词"的帮助来表示。副动词的形式是"en + 现在分词"；现在分词是由"第一人称复数的词根"加上 -ant 来做转变。

例 Je prends le métro en écoutant de la musique.
我边坐地铁边听音乐。
Je me promène en regardant les vitrines des magasins.
我边散步边逛商店橱窗。
Je mange en écoutant la radio.
我边吃边听着广播。

问路与指路

当我们迷路时，最好的方法就是到咖啡店或书店向店员问路。在这种状况下，可使用下面这个简单的问句。

例 Excusez-moi, pourriez-vous m'indiquer le chemin pour + le nom du lieu 不好意思，您能给我指一下到～（地方）的路吗？

指引路时通常都用命令句来回答：

prenez la ligne + numéro de ligne de métro + jusqu'à + nom de la station	搭乘～号地铁，直到～地铁站
allez tout droit	直走
tournez à droite / à gauche	右转 / 左转
c'est en face de + lieu	在～（地方名）的对面
c'est à côté de + lieu	在～（地方名）的旁边
c'est derrière + lieu	在～（地方名）的后面

用法国人的一天学法语

法国人的秘密花园……
Secret de France

【玛黑区的左岸漫步】

喝咖啡到左岸，到左岸来玛黑

　　由于历史背景，玛黑区具备独特的人文风情。现在这个区域以特殊的潮牌文化盛名，对于学设计的人而言，玛黑区就是他们灵感的源泉。如果想找些超现实的灵感，欢迎进入毕加索博物馆内，和大师进行一场心灵上的交流！

　　推荐一条散步步道：从地铁站 Saint-Paul 出来后，找到 Rue Saint-Paul，沿着这条路走，然后来回穿梭在两旁的小巷内，你一定会有时空交错及静止的感觉！要不然就干脆点杯咖啡坐在路边，好好享受这片刻！

Profiter du temps

小知识

玛黑区的异国美食：
逛一趟玛黑区，除了得到精神上的食粮外，也可以品尝异国美食。最有名的莫过于 L'As du Fallafel（中东口袋饼）。虽然很多人对排队买美食可能已经习以为常，但在法国看到这样的盛况倒是很令人吃惊！至于味道如何，就得大家亲自走一趟啰！

82

15 去银行办事 A la banque

> 15 去银行办事 A la banque

在法国，如果要去银行开户，可不像在中国这么方便。首先要备齐各种文件，接下来还得和银行预约。别以为直接去银行就可以马上处理好事情！

和法国人学单词 Vocabulaire MP3 15-01

- **aller à la banque**
  [ale a la bɑ̃k]
  去银行

- **ouvrir un compte**
  [uvrir œ̃ kɔ̃t]
  开户

- **fermer un compte**
  [fɛrme œ̃ kɔ̃t]
  销户

- **déposer de l'argent**
  [depoze də larʒɑ̃]
  存钱

- **retirer de l'argent**
  [rətire də larʒɑ̃]
  提款

- **changer de l'argent**
  [ʃɑ̃ʒe də larʒɑ̃]
  换钱

- **encaisser un chèque**
  [ɑ̃kɛse œ̃ ʃɛk]
  兑换支票

- **prendre rendez-vous avec un conseiller**
  [prɑ̃dr rɑ̃de-vu avɛk œ̃ kõseje]
  和顾问预约会谈

- **un bordereau de remise de chèque**
  [œ̃ bɔrdəro də rəmiz də ʃɛk]
  支票存款单

- **faire une demande de prêt**
  [fɛr yn dəmɑ̃d də prɛ]
  申请贷款

- **une carte de retrait**
  [yn kart də rətrɛ]
  提款卡

- **une carte de dépôt**
  [yn kart də depo]
  存款卡

- **un taux d'intérêt**
  [œ̃ to dɛterɛ]
  利率

- **faire un virement (international)**
  [fɛr œ̃ virmɑ̃ (ɛ̃tɛrnasjɔnal)]
  汇款（国际性的）

- **le plafond de retrait / de paiement**
  [lə plafõ də rətrɛ / də pɛmɑ̃]
  提款 / 付款限额

- **une carte bancaire**
  [yn kart bɑ̃kɛ:r]
  银行卡

- **un découvert**
  [œ̃ dekuvɛ:r]
  透支

- **un compte épargne**
  [œ̃ kõt eparɲ]
  储蓄账户

▲法兰西银行。

[A la banque]
在银行

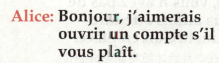

Alice: Bonjour, j'aimerais ouvrir un compte s'il vous plaît.

艾莉丝：您好，我想要开户，麻烦您。

La banquière: Je vais vous demander tout d'abord tous les documents nécessaires pour pouvoir ouvrir votre compte, vous avez une pièce d'identité et un justificatif de domicile?

女银行员：首先我将询问您开户所有必需的资料，您有身份证和居住证明吗？

Alice: Oui, voici mon passeport et une facture d'électricité.

艾莉丝：是的，这是我的护照和电费收据。

La banquière: Parfait, je vais créer votre fichier. C'est votre premier compte en France?

女银行员：很好，我将为您建档。这是您在法国第一个账户吗？

Alice: Oui, c'est le premier.

艾莉丝：是的，这是第一个。

La banquière: Alors, voici votre carte, votre chéquier et votre code secret pour utiliser la carte bancaire.

女银行员：那么，这是您的卡片，支票本和密码都是用来使用银行卡的。

Alice: Pourriez-vous me montrer comment écrire un chèque?

艾莉丝：您能示范如何写支票吗？

La banquière: Bien sûr, vous écrivez en lettres la somme ici, puis l'ordre ici. Puis, vous écrivez en chiffres la somme et vous signez ici.

女银行员：当然。您用字母在这里写下总数，接着在这里写收款人抬头。然后，您用数字写下总数和签名。

> 写支票本的数字要用法语字母，而不是用阿拉伯数字！

Alice: Entendu! Merci. J'ai un découvert autorisé de combien?

艾莉丝：好的！谢谢。我有多少透支呢？

La banquière: Dans un premier temps, vous n'avez pas de découvert autorisé. Nous allons attendre quelques mois pour en mettre un en place.

女银行员：一开始，您没有任何透支。我们将在几个月后才能将此完成到位。

Alice: D'accord.

艾莉丝：好的。

La banquière : Avez-vous d'autres questions?

女银行员：您还有其他问题吗？

Alice: Non, je pense que tout est clair.

艾莉丝：没有，我想一切都很清楚了。

La banquière: Alors, bienvenue chez nous, nous sommes très contents de vous compter parmi nos clients!

女银行员：那么，欢迎您到我们这里来，很高兴您成为我们的客人！

> parmi 在～之间（三者以上时使用）；
> entre ～ et ～ 在～之间（两者间）

15) 去银行办事 A la banque

这些句子一定要会说
Phrases pratiques à utiliser 🎧 15-03

1) **J'aimerais ouvrir un compte.**
   我想要开户。

2) **Quels sont les documents nécessaires?**
   什么是必要的资料呢？

3) **Je souhaiterais prendre rendez-vous avec un conseiller.**
   我想要和顾问预约会谈。 ＊ prendre rendez-vous 预约

4) **Comment est-ce que je peux déposer de l'argent sur mon compte?**
   我如何存钱到我的账户呢？

5) **Pouvez-vous me montrer comment écrire un chèque?**
   您能和我说明如何写支票吗？

6) **Ma carte a été avalée dans le distributeur!**
   我的卡片被提款机吞掉了！
   ＊ avaler 吞掉，是较口语的用法，表示卡片卡在机器里。

7) **Je me suis trompé de code trois fois, ma carte est bloquée!** 我弄错三次密码，我的卡被锁了！
   ＊ bloquer 封锁；阻塞，可用于银行卡被停或是道路不通。

8) **J'ai perdu ma carte bancaire / mon chéquier!**
   我挂失我的银行卡／支票本！

9) **Est-ce que je pourrais avoir une carte personnalisée?**
   请问我能有张个人化的卡片吗？

10) **Je voudrais faire un virement international.**
    我想要使用国际汇款。

Partie **3** 午安，法国！

87

用法国人的一天学法语

11) Est-ce que je peux consulter mon compte sur Internet?
请问我能在网络上查询我的账户吗？

12) Pourriez-vous me faire de la monnaie sur un billet de 10 / 20 / 50 euros?
您能将钞票换成十、二十、五十元的零钱吗？

13) De combien est mon plafond de retrait / de paiement par semaine?
我每个星期提款 / 付款的最高额度是多少呢？

14) J'aimerais augmenter mon plafond de retrait /paiement.
我想要增加我的提款 / 付款上限。

15) J'ai un découvert autorisé de combien?
我有多少透支金额呢？
* découvert autorisé 透支金额，指的是银行能让你拿来预付的超支金额。

16) J'aimerais augmenter mon découvert autorisé.
我想要增加我的透支金额。

17) Je voudrais faire opposition sur un chèque.
我想要止付支票。 * faire opposition à ~ 表示"反对；阻止~"

18) J'aimerais ouvrir un compte d'épargne.
我想要开个储蓄账户。

19) Quel est le taux d'intérêt du Livret A?
Livret A 的存款利率是多少呢？ * Livret A 法国储蓄存款的一种。

20) Je vais rentrer dans mon pays, j'aimerais clôturer mon compte. 我将要回我的国家，我想要关掉我的账户。
* 离开法国前记得关掉银行账户，如有呆账产生可能会被禁止入境！

88

15) 去银行办事 A la banque

Partie 3

午安，法国！

语法练习 Grammaire

表达目的的用法

用法语表达一个很重要的目的或动作时，可使用下面的句型结构。

文 句型结构：主语 + 动词 + （物体/地方）+ pour + 原形动词（或一个冠词 + 名词）

例 Je suis en France pour le travail.
我在法国是为了工作。

Je vous contacte pour obtenir des informations.
我联络您是为了得到一些资讯。

疑问代词 comment 的用法

疑问代词 comment 用于询问"如何"，句型结构如下。

文 句型结构 Pourriez-vous me dire / m'expliquer（您能和我说/解释）+ comment（如何）+ 原形动词 + 物体/地方

1. 询问地方时：

例 Pourriez-vous me dire comment aller aux Galeries Lafayette?
您能告诉我如何前往拉法叶百货吗？

2. 询问做事方法时：

例 Pourriez-vous m'expliquer comment remplir un chèque?
您能帮我解释如何填写支票吗？

疑问代词 combien / combien de 的用法

疑问代词 combien（多少），可用于询问数目及价格。如果要询问人或物的数目，就要使用 combien de。

1. 询问物品的价格：

文 combien – coûte（价值）+ 物品 ?

例 Excusez-moi, combien coûte cette robe?
打扰一下，这件连衣裙多少钱？

2. 询问人或物的数目：

文 Il y a combien de（有多少的）+ 物/人 ?

例 Il y a combien de personne à la fête ce soir?
今晚有多少人参加这个庆典呢？

用法国人的一天学法语

法国人的秘密花园……
Secret de France

【去法国的开户须知】

如果你要去法国留学或生活……

　　去银行开户不会是你到法国的第一件事，却是一件很重要的事。以下整理了一些到法国银行开户所需的文件，方便大家做准备：

- une Pièce d'identité en cours de validité
  有效的身份证明（护照或居留证）
- un Justificatif de domicile de moins de 3 mois
  三个月内的居住相关证明（如：水电费凭据、市内电话费凭据）
- un Justificatif de revenus : dernier bulletin de salaire
  收入证明：最近的薪资单（学生不需要提供此证明，而是提供学生证）
- la Carte d'étudiant pour les étudiants
  学生证（学生银行账户在法国都有较优惠的储蓄方案）
- les 3 derniers relevés de(s) compte(s) bancaire(s) externe(s)
  最近三个月的银行出入账明细

　　上述文件都准备好后，接下来就是要和银行预约。依照各家银行规定，有线上预约、电话预约或现场预约。法国的预约不像在中国这样快速，预约的时间通常至少是隔天后的事情。预约成功后，和你碰面的专员也就是你未来的服务专员，他会检查你的文件有无问题并提供咨询服务。千万不要以为直接去银行就可以马上处理好事情，因为在法国办事情几乎都是要预约的！

16 难以抗拒的美味甜点
Difficile de résister à ces pâtisseries

Partie **3** 午安，法国！

在法国其实没有像英式下午茶那种正式的下午茶规范，但法国人通常还是会在下午吃点甜点来休息片刻。

和法国人学单词 Vocabulaire 🎧 16-01

- **un salon de thé**
  [œ̃ salɔ̃ də te]
  茶馆

- **une pâtisserie**
  [yn patisri]
  甜点店

- **prendre le thé**
  [prɑ̃dr lə te]
  喝茶

- **faire une pause sucrée**
  [fɛr yn poz sykre]
  下午茶

- **un café ou un thé gourmand**
  [œ̃ kafe u œ̃ te gurmɑ̃]
  咖啡或下午茶点心套餐

- **les macarons**
  [le makarɔ̃]
  马卡龙

- **un cannelé (bordelais)**
  [œ̃ kanle (bɔrdəlɛ)]
  可丽露（波尔多的）

- **un éclair à la vanille, au chocolat, au café**
  [œ̃n- eklɛr a la vanij, o ʃɔkɔla, o kafe]
  闪电泡芙（香草、巧克力、咖啡口味）

91

用法国人的一天学法语

- **un chausson aux pommes**
  [œ̃ ʃosɔ̃ o pɔm]
  苹果派

- **un far breton**
  [œ̃ faːr brətɔ̃]
  布列塔尼李子蛋糕

- **une tarte au citron meringuée**
  [yn tart o sitrɔ̃ merɛ̃ge]
  柠檬酥皮挞

- **un mille-feuille**
  [œ̃ milfœj]
  法式千层酥（拿破仑蛋糕）

- **des profiteroles**
  [de prɔfitrɔl]
  泡芙

- **une tarte tatin**
  [yn tart tatɛ̃]
  翻转苹果挞

- **une brioche**
  [yn brijɔʃ]
  奶油面包

- **un gâteau basque**
  [œ̃ gɑto bask]
  巴斯克蛋糕

  Basque 位于法国及西班牙边界区

- **un palmier (biscuit)**
  [œ̃ palmje (biskɥi)]
  蝴蝶酥（饼干）

- **des lunettes (de romans)**
  [de lynɛt]
  眼镜浮沙饼干

  眼镜浮沙饼干是从罗马传来的

- **une part de tarte à la rhubarbe**
  [yn par də tart a la rybarb]
  一片大黄挞派

- **un artisan pâtissier**
  [œ̃n artizɑ̃ pɑtisje]
  甜点艺术师

16 难以抗拒的美味甜点 *Difficile de résister à ces pâtisseries*

🎧 16-02

[**Dans la pâtisserie**
在甜点店中]

Isabelle: Alice, tu veux venir avec moi? Je vais prendre un petit goûter rapidement dans le coin...
伊莎贝：艾莉丝，你要和我来吗？我想要在某个角落快速地吃个小东西……

Alice: C'est une bonne idée! Tu connais un endroit?
艾莉丝：这是个好主意！你知道要去哪里吗？

Isabelle : Oui, il y a une petite pâtisserie en bas de la rue, ils font des tartelettes aux fruits à <mark>tomber par terre</mark>! C'est devenu mon 2ème bureau!
伊莎贝：是的，在这条街上有家甜点店，他们做的水果挞超棒！这已经变成我第二个上班的地方！

> tomber par terre 跌倒，在此是夸张地描述东西很好吃，而不是真的跌倒！

Alice: Super! Montre moi ta pâtisserie!
艾莉丝：太棒了！那带我去这家甜点店看看吧！

Dans la pâtisserie... 在甜点店中……

Le pâtissier: Mesdames, je vous sers?
甜点师：女士们，我能为你们服务吗？

Isabelle: Un mille-feuille et une tartelette à la fraise, s'il vous plaît!

伊莎贝：一个法式千层酥和一个草莓挞，麻烦您！

Le pâtissier: Vous mangez sur place?

甜点师：你们要在这里吃吗？

sur place 内用

Isabelle: Oui.

伊莎贝：是的。

Le pâtissier: Et voici, bonne appétit.

甜点师：餐点在这里，祝您们用餐愉快。

Isabelle: Merci bien. Allons nous asseoir Alice.

伊莎贝：非常感谢，我们去吧，艾莉丝。

Alice: Ca fait tellement longtemps que je n'ai pas mangé de mille-feuille!

艾莉丝：我很久没有吃法式千层酥了！

Isabelle: Rien de mieux qu'un bon goûter pour se remettre de la journée!

伊莎贝：没什么比吃个好东西来恢复一天的活力更好了！

Alice: Hum, ce mille-feuille est encore meilleur que celui que j'ai mangé autrefois.

艾莉丝：嗯，这法式千层酥比我之前吃的更棒。

Isabelle: J'ai l'impression que tu es sur un nuage...

伊莎贝：我觉得你开心得飞上天了……

Alice: Oui, tout à fait!

艾莉丝：是啊，完全正确！

16) 难以抗拒的美味甜点 Difficile de résister à ces pâtisseries

这些句子一定要会说
Phrases pratiques à utiliser MP3 16-03

Partie 3 你好，法国！

1) **Vous connaissez une bonne pâtisserie près d'ici?**
   您知道这附近有好的甜点店吗？

2) **Quelle est votre pâtisserie préférée?**
   您最爱的甜点是什么？

3) **J'ai un petit creux, je ferais bien une pause goûter.**
   我有点饿，我想要吃东西休息一下。
   * avoir un creux 肚子饿

4) **Ca fait du bien de manger quelque chose de sucré!**
   吃些甜食感觉真好！

5) **Tu as le bec sucré?**
   你爱吃甜食吗？
   * bec sucré（甜的嘴巴），相当于英语的 sweet tooth

6) **Vous avez des tartelettes à la fraise?**
   你们有草莓挞吗？

7) **Vous avez quelque chose à la fraise?**
   你们有什么东西是用草莓做的呢？

8) **J'aime beaucoup cette boulangerie car il y a de bonnes pâtisseries.**
   我很喜欢这家面包烘焙坊，因为这里有很多好的甜点。

9) **Il y a de la place pour s'asseoir à l'intérieur?**
   这边有位子，可以坐在里面吗？
   * s'asseoir à l'intérieur 坐在里面

10) **Prenons une pâtisserie à partager!**
    我们拿一个甜点共同享用！

95

11) Prenons chacun(e) une pâtisserie!
我们每人拿一个甜点！

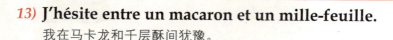

12) Je n'ai pas encore choisi.
我还没选好。

13) J'hésite entre un macaron et un mille-feuille.
我在马卡龙和千层酥间犹豫。

14) Qu'est-ce qu'il y a dans le café gourmand?
这家咖啡厅有什么下午茶呢？

* le café gourmand 下午茶套餐

15) C'est pour manger sur place.
这是内用的。

16) Cette pâtisserie est la meilleure!
这家甜点店是最棒的！

17) Cette pâtisserie est moins sucrée que celle-ci.
这个甜点没有那个甜。

18) Ce pâtissier est classé meilleur ouvrier de France.
这位甜点师被列入了法国最佳工艺师中。

* MOF (Meilleur ouvrier de France) 法国最佳工艺师，由国家授与各领域（食品、服装、建筑、美容、纺织、皮革等近两百项）表现杰出的职人奖项。

19) Je suis sur un nuage.
我在云上。

*意即我感觉飘飘然，非常享受的意思。

20) A quelle heure peut-on prendre le goûter?
我们几点能去吃东西呢？

96

16 难以抗拒的美味甜点 *Difficile de résister à ces pâtisseries*

Partie 3 午安，云国！

语法练习 Grammaire

比较级的用法

法语中比较级的月词是"moins（较少）""aussi（同样）""plus（较多）"。

文 用于物品或人：主语 1 + 动词 + moins / aussi / plus + 形容词 + que + 主语 2
　　用于动作：主语 1 + 动词 + moins / aussi / plus + 副词 + que + 主语 2

例 Ce tableau est **plus** impressionnant **que** Mona Lisa.
　　这幅画比蒙娜丽莎更令人印象深刻。
　　Le serveur est **plus** gentil **que** le barman.
　　服务生比调酒师更加亲切。
　　Tu parles français **aussi** bien **que** le traducteur!
　　你法语说得和翻译人员一样好！

所有格形容词

在法语中，我们用所有格形容词来强调物体为谁所有。所有格形容词需依照物体及主语的阴阳性和单复数来变化。

人称代词	单数阳性物体的所有格形容词	单数阴性物体的所有格形容词	复数阳/阴性物体的所有格形容词
je（我）	mon（我的）	ma（我的）	mes（我们的）
tu（你）	ton（你的）	ta（你的）	tes（你们的）
il / elle（他 / 她）	son（他的）	sa（她的）	ses（他 / 她们的）
nous（我们）	notre（我们的）	notre（我们的）	nos（我们的）
vous（你们）	votre（你们的）	votre（你们的）	vos（你们的）
ils / elles（他们 / 她们）	leur（他们的）	leur（她们的）	leurs（他们的）

例 C'est **la voiture** de mon ami. → C'est **sa voiture**.
　　这是我朋友的汽车。→ 这是他的汽车。
　　Ce sont **les devoirs** de mon frère. → Ce sont **ses devoirs**.
　　这是我兄弟的作业。→ 这是他的作业。
　　C'est **une photo** de moi. → C'est **ma photo**.
　　这是我的一张照片。→ 这是我的照片。

过去未完成式

过去未完成式用来表示一个过去的习惯或描述一个过去的情况。因此，过去未完成式常和 tous les jours（每天）、chaque jour / matin / mois （每天 / 早上 / 月）、en général（通常）、autrefois（之前）、toujours（总是）、

souvent（经常）、rarement（很少）一起使用。过去未完成式的组成非常规则，用第一人称复数的动词词根加上下表的字尾即可。

人称代词	过去未完成式字尾
je（我）	-ais
tu（你）	-ais
il / elle（他 / 她）	-ait
nous（我们）	-ions
vous（你们）	-iez
ils / elles（他们 / 她们）	-aient

例 En général, il y avait beaucoup de monde sur le marché.
通常，市场上有很多人。
Souvent j'allais me promener en ville pendant la journée.
我经常白天在城市中散步。
Chaque matin, elle achetait des croissants pour le petit-déjeuner.
每天早上，她都会买些羊角面包当早餐。

法国人的秘密花园……
Secret de France

[法国人的下午茶时间]

法式下午茶和英式下午茶的差异

　　一般看到的三盘式点心架是属于英式下午茶专用的盘具。在法国其实并没有像英式下午茶那种正式的下午茶规范，但法国人下午还是会习惯吃点甜点并配些咖啡或茶来休息片刻。比较英国人和法国人下午茶的内容，不难发现，法国人偏爱甜食。许多法式甜点来到中国后，甜度会稍微降低一些，大家可以比较马卡龙在法国和在中国的甜度，它们会有些许落差。我们喜欢拿马卡龙来做例子，是因为大家都会很好奇为什么一颗小小的东西可以卖这么贵？其实马卡龙以前本来就是贵族的御用甜点，加上它的工时和技术需求也较高，定价会高也就不意外了。

　　不管是马卡龙或其他法式甜点，法国人习惯品尝的方式可不是一颗接一颗或者大口品尝！他们习惯慢慢地一小口、一小口品尝，享受用舌尖探索美食的原味，再配口咖啡来放慢自己的生活步调。建议大家不妨带一本书，到法式甜点店去感受一下法国人的生活步调！

17 上图书馆找资料 Faire des recherches à la bibliothèque

17 上图书馆找资料
Faire des recherches à la bibliothèque

Partie **3**

午安，法国！

大家都知道法国人喜爱阅读，无论是在露天咖啡、海边、公园及河堤，都可以看到人手一本书的画面。

和法国人学**单词**
Vocabulaire   🎧 17-01

- **une bibliothèque**
  [yn biblijɔtɛk]
  图书馆

- **une étagère à livres**
  [yn etaʒɛr a li:vr]
  书架

- **un livre**
  [œ̃ livr]
  书

- **une revue**
  [yn rəvy]
  杂志；期刊

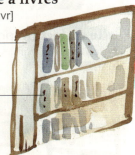

- **service de presse en ligne**
  [sɛrvis də prɛs ɑ̃ liɲ]
  线上媒体服务

- **une recherche par mot clé**
  [yn rəʃɛrʃ par mo kle]
  关键词查询

- **un(e) bibliothécaire**
  [œ̃/yn biblijɔtekɛ:r]
  图书馆管理员

- **le système de prêt**
  [lə sistɛm də prɛ]
  借书系统

- **un index**
  [œ̃n-ɛ̃dɛks]
  索引

- **un catalogue des ouvrages**
  [œ̃ katalɔg dez-uvra:ʒ]
  书籍目录

- **consulter en ligne**
  [kɔ̃sylte ɑ̃ liɲ]
  线上咨询

- **recevoir une amende**
  [rəsəvwar yn amɑ̃d]
  收到罚款

- **s'inscrire**
  [sɛ̃skrir]
  报名注册

- **les tarifs**
  [le tarif]
  价格

- **emprunter un livre**
  [ɑ̃prœ̃te œ̃ livr]
  借一本书

59

用法国人的一天学法语

- **lire**
[liːr]
阅读

- **une carte de bibliothèque**
[yn kart də biblijɔtɛk]
图书馆卡

- **rendre un livre**
[rãdr œ̃ livr]
还书

- **salle de lecture pour enfants**
[sal də lɛktyr pur ãfã]
儿童阅览室

- **une vidéo**
[yn video]
影片

- **la médiathèque**
[la medjatɛk]
多媒体资料中心

- **un CD**
[œ̃ sede]
光碟

- **un photocopieur**
[œ̃ fɔtɔkɔpjœːr]
影印机

▲法国国家图书馆。

▲路边的书摊。

100

17. 上图书馆找资料 *Faire des recherches à la bibliothèque*

和法国人学会话 Dialogue MP3 17-02

Partie 3

午安，法国！

[**A la bibliothèque**
  在图书馆]

Alice: Bonjour, je suis venu faire une recherche dans le domaine de la mode pour un projet professionnel, est-ce que je dois **m'inscrire** pour consulter sur place?

s'inscrire 注册

艾莉丝：您好，我是为了专案来这里做时尚领域的研究调查的，请问现场咨询需要注册吗？

La bibliothécaire: Bonjour, pour consulter sur place vous n'avez pas besoin de vous inscrire. Mais pour emprunter des livres ou d'autres supports, l'inscription est nécessaire.

图书馆管理员：您好，现场咨询不需要注册。但借书或其他支援服务就必须注册。

Alice: D'accord. Je vais juste consulter sur place.

艾莉丝：好的。我只要现场咨询。

La bibliothécaire: Très bien, notre tarif pour l'entrée et la consultation sur place est de 4 euros.

图书馆管理员：好的，我们入场及现场咨询的费用是四欧元。

Alice : Voici.

艾莉丝：给您。

用法国人的一天学法语

La bibliothécaire: Merci. Je peux vous aider à trouver ce que vous cherchez, le rayon mode contemporaine se trouve à l'étage pour les livres. Les vidéos sont au rez-de-chaussée.

图书馆管理员：谢谢，我能帮您找到您要找的东西，现代时尚书籍的柜位在楼上，影片则在一楼。

Alice: Entendu, ce sont les livres qui m'intéressent ==avant tout.==

艾莉丝：了解，书籍是我优先感兴趣的。

> avant tout 优先

La bibliothécaire : Dans ce cas, c'est à l'étage. Vous avez des ordinateurs au centre de la salle pour effectuer vos recherches par mots clefs.

图书馆管理员：这样的话，都在楼上。在教室的中间，有台电脑能用关键词查出您的搜寻。

Alice : D'accord, merci. Est-ce que vous avez des photocopieurs à disposition?

艾莉丝：好的，谢谢。请问这里有影印机吗?

> à l'étage 楼上

La bibliothécaire : Oui, ils sont également ==à l'étage.== Pour cela, il faut acheter une carte de photocopie.

图书馆管理员：有的，它们都在楼上。要使用就必须买张影印卡。

Alice : D'accord, merci.

艾莉丝：好的，谢谢。

17 上图书馆找资料 Faire des recherches à la bibliothèque

Partie 3

午安，法国！

这些句子一定要会说
Phrases pratiques à utiliser

 17-03

1) **Est-ce qu'il y a une bibliothèque près d'ici?**
附近有图书馆吗？

2) **Est-ce que vous savez si elle est ouverte?**
您知道它什么时候开门吗？

3) **Est-ce que la bibliothèque nationale est loin d'ici?**
国家图书馆离这里远吗？
  * la bibliothèque nationale 国家图书馆

4) **Savez-vous où je pourrais trouver ce livre?**
您知道哪边能找到这本书吗？

5) **Est-ce que je dois m'inscrire pour consulter sur place?**
我要注册才能现场咨询吗？

6) **Comment ça marche l'inscription?**
注册如何进行呢？
  * l'inscription 注册

7) **Est-ce que je peux utiliser mon ordinateur?**
我能使用我的电脑吗？
  * ordinateur 电脑，口语会念成 l'ordi 或 un ordi

8) **Est-ce qu'il y a du wifi gratuit?**
这里有免费的无线网络吗？

9) **Est-ce qu'il y a une prise pour les ordinateurs?**
这里有电脑的插座吗？
  * une prise 插座

10) **Je cherche un livre dans le domaine de la mode.**
我在找一本时尚领域的书。

11) **J'aimerais emprunter ces livres, comment ça marche?**
我想要借这些书，要怎么做呢？
＊法语口语常常使用 marcher 这个动词来讲事情的运作或进行。

12) **Je ne trouve pas ce que je cherche, vous pouvez m'aider?**
我找不到我要找的，您能帮助我吗？

13) **Excusez-moi, où se trouve le rayon langues étrangères?**
不好意思，外语领域的柜位在哪里呢？

14) **Lequel me conseillez-vous?**
您推荐我哪一个呢？

15) **C'est ce genre de livre que je cherche.**
这种类型的书正是我在找的。
＊ chercher 是"正在找"；trouver 是"找到"，注意两者的使用时机。

16) **J'ai déjà lu ce livre.**
我已经读过这本书了。

17) **Vous connaissez Victor Hugo?**
您知道维克多·雨果这位作家吗？

18) **Vous avez des photocopieurs?**
你们有影印机吗？

19) **J'aimerais faire des photocopies.**
我想要影印。

20) **J'aimerais rendre ces livres.**
我想要还书。

17 上图书馆找资料 Faire des recherches à la bibliothèque

语法练习 Grammaire

疑问代词 le / la / lesquel / le / s

法语中要根据物体的阴阳性和单复数来使用疑问代词。

阳性单数	lequel	哪个
阳性复数	lesquels	哪些
阴性单数	laquelle	哪个
阴性复数	lesquelles	哪些

例 Parmi ces livres, lequel tu préfères?
在这些书里面，哪个你最喜爱？

Parmi ces monuments, lesquels sont absolument à visiter?
在这些古迹中，哪些一定要参观呢？

关系代词 qui

qui 也能用作关系代词，用来连接两个句子，有连接及突显作用。

文 句型结构：主语 + 动词 + qui + 主语 + 动词

例 J'ai acheté une boîte d'éclairs au chocolat qui était en vitrine dans cette boulangerie.
我之前买了一盒闪电巧克力放在这家面包店橱窗内。

qui 还能用于连接动作的主语。在这种状况下，要用重读人称代词：moi、toi、lui、elle、nous、vous、eux、elles。（要根据重读人称代词的形态来作后接句子的动词变化。）

文 句型结构：C'est + 重读人称代词 + qui + 动词 + 宾语

例 C'est moi qui ai téléphoné hier.
是我昨天在打电话。

C'est eux qui ont demandé le changement, pas moi!
是他们要求改变，不是我！

复合过去式和过去未完成式一起使用时

复合过去式和过去未完成式可以用在同一个句子内。复合过去式用来表达一个动作和一个短暂瞬间的结束；过去未完成式则用来表示一个习惯、描述一个情况或表达一个尚未结束的动作。

> **例** J'ai lu **(1)** un livre qui parlait **(2)** de Cyrano de Bergerac.
> 我读了一本在讲西哈诺·德·贝尔热拉克的书。
> **(1)** 读书是"结束的动作"
> **(2)** 讲 Cyrano de Bergerac 的书是"描述情况"
>
> Il pleuvait **(1)** beaucoup quand je suis sorti **(2)** du Louvre hier.
> 当我昨天从卢浮宫出来时，雨下得很大。
> **(1)** 雨下得很大是"状况描述"
> **(2)** 从卢浮宫出来是"结束的动作"

法国人的秘密花园……
Secret de France

[海滩也有图书馆]

谁说夏天不能到塞纳河边玩沙呢？

夏天的时候，法国人习惯去有海边的地方度假。但巴黎人离海边可是有段距离呢！于是巴黎市政府在 2002 年的夏天便干脆把沙滩搬到塞纳河畔，这也就是 **Paris Plage**（巴黎沙滩节）的由来！趁暑假参访巴黎的你，别错过这个特别的庆典！

在法国有四千多个图书馆，当然这还不包括在海滩上及有名景点的行动图书馆！大家都知道法国人喜爱阅读，不过法国人阅读的踪迹并不只限于室内空间，无论是在露天咖啡、海边、公园及河堤，都可以看到人手一本书的画面。有时我们也不免好奇他们真的在看书吗？但深入了解后会发现法国人喜爱思考、求知及论辩，这除了要归功于它们的哲学基础教育外，便利及普遍的图书资源也帮助法国人养成爱阅读的好习惯！

小知识

巴黎沙滩节：
巴黎沙滩节的时间约在每年七月中旬至八月中旬，详细时间以官网公告为准。

18 在公园也能上网收 E-mail
E-mail et Internet dans les espaces verts

Partie 3 午安，法国！

在巴黎，许多公园都提供免费的无线网络。不过，既然已经来到户外，千万别因为上网而错过了眼前的风景！

和法国人学单词 Vocabulaire
🎧 18-01

- **promener le chien**
  [prɔmne lə ʃjɛ̃]
  遛狗

- **le chien**
  [lə ʃjɛ̃]
  狗

- **un arbre**
  [œ̃n- arbr]
  树

- **un parc**
  [œ̃ park]
  公园

- **pique-niquer**
  [piknike]
  野餐

- **la pelouse**
  [la pəlu:z]
  草地

- **écoutez de la musique**
  [ekute də la myzik]
  听音乐

- **une fontaine**
  [yn fɔ̃tɛn]
  喷水池

- **la Mairie**
  [la mɛri]
  市政厅

- **du jogging**
  [dy dʒɔgiŋ]
  慢跑

- **un musée**
  [œ̃ myze]
  博物馆

- **les horaires d'ouverture**
  [lez-ɔrɛr duvɛrtyr]
  营业时间

- **le banc**
  [lə bɑ̃]
  长凳

- **une batterie**
  [yn batri]
  电池

- **une page d'accueil**
  [yn paʒ dakəj]
  首页

- **se connecter**
  [sə kɔnnɛkte]
  连线

- **une borne d'accès**
  [yn bɔrn daksɛ]
  基地台

- **une connexion**
  [yn kɔnɛksjɔ̃]
  连线

- **consulter ses e-mails**
  [kɔ̃sylte sez-imɛ:l]
  询问电子邮件

- **bain de soleil**
  [bɛ̃ də sɔlɛj]
  日光浴

- **un ordinateur portable**
  [œ̃n-ɔrdinatœr pɔrtabl]
  笔记本电脑

- **le Wi-Fi**
  [lə wifi]
  无线网络

- **faire la sieste**
  [fɛr la sjɛst]
  午睡

- **un réseau**
  [œ̃ rezo]
  网络

18 在公园也能上网收 E-mail　E-mail et Internet dans les espaces verts

和法国人学会话 Dialogue　MP3 18-02

Partie **3**

午安，法国！

[**Dans un parc** 在公园]

Joël: Bonjour, excusez-moi, comment ça marche pour se connecter à Internet, on m'a dit que chaque espace vert à Paris a une connexion Internet sans fil public...

乔尔：您好，不好意思，请问如何做才能连上网络？人们说巴黎每块绿地都有公共无线网络……

L'employé des espaces verts: Oui, regardez, il y a un panneau là avec le nom du réseau. Vous vous connectez dessus et ensuite tout se passe sur l'ordinateur...

绿地员工：是的，您看，这板子上有网域的名称。您可以照上面连线，然后电脑就可连线……

Après avoir confirmé le nom du réseau sur le panneau, Joël s'assoit sur un banc et ouvre son ordinateur. Une vieille dame s'approche de lui et s'assoit sur l'autre côté du banc.

在确认板子上网域的名称后，乔尔坐在长凳上并打开他的电脑。一位老太太靠近他，并坐在他旁边的板凳上。

用法国人的一天学法语

La vieille dame: Vous utilisez votre ordinateur dans un parc?

老太太：您在公园里使用电脑吗？

Joël: Oui, je n'ai qu'une connexion à l'hôtel donc c'est très pratique. A Paris, il y a plus d'espaces verts qu'à Pekin, donc on peut se connecter à presque tous les coins de rue.

乔尔：是啊，在北京只有在饭店内才有网络。巴黎比北京有更多的绿地，所以我们几乎在路上的每个角落都能上网。

La vieille dame: C'est incroyable, maintenant on est même plus tranquille dans les espaces verts, tout le monde doit toujours être sur Internet en permanence! Pourtant, les parcs sont là pour s'aérer l'esprit pas pour passer son temps sur Internet!

老太太：真是令人不敢相信，现在绿地更安静了，所有的人总是一直在上网！然而公园这里是让心灵透气而不是花时间在这儿上网！

> vous avez raison 您是对的;
> vous avez tort 您错了

Joël: Oui, **vous avez raison**! Je vais juste consulter mes mails et ensuite je vais profiter de la verdure.

乔尔：是的，您说得没错！我只是查看一下电子邮件，然后就会享受这片绿意。

La vieille dame: Très bonne décision!

老太太：很棒的决定！

110

18 在公园也能上网收 *E-mail* *E-mail et Internet dans les espaces verts*

这些句子一定要会说
Phrases pratiques à utiliser

 18-03

1) **Est-ce qu'il y a du Wi-Fi ici?**
这里有无线网络吗？

2) **Excusez-moi, comment peut-on se connecter au Wi-Fi ici?**
不好意思，我如何能连上这边的无线网络呢？

3) **Vous savez comment marche le Wi-Fi ici?**
您知道如何连这边的无线网络吗？

4) **Où est-ce que je peux trouver les informations pour se connecter?**
哪里能找到连线的资讯呢？

5) **C'est vraiment très pratique.**
这真的非常实用。 * **pratique** 实用

6) **Il y a moins de monde dans le parc que dans un café.**
在公园的人比在咖啡厅的少。
* **un café** 这里是指"咖啡厅"，而不是"咖啡"

7) **A quelle heure ouvre le parc?**
公园几点开呢？

8) **Connaissez-vous un parc ou un square près d'ici?**
您知道这儿附近有公园或广场吗？ * **près d'ici** 在这儿附近

9) **Vous connaissez le nom du réseau?**
您知道网域的名称吗？

10) **Est-ce qu'il y a un mot de passe?**
有通行的密码吗？
* **un mot de passe** 通行密码

Partie 3 午安，法国！

11) Je n'arrive pas à me connecter, vous pourriez m'aider?
我无法连线，您能帮助我吗？

12) La réception n'est pas très bonne, où est la borne?
信号不是很好，接线器在哪里呢？

13) Maintenant ça marche, merci à vous!
现在可以了，谢谢您！

14) Est-ce que je peux utiliser le Wi-Fi sur mon téléphone aussi?
我也能在我的电话上使用无线网络吗？

15) Est-ce qu'il y a une prise de courant quelque part?
哪里有插座呢？ ＊ une prise de courant 插座

16) Attends que j'arrive dans un parc, je te rappelle avec Skype.
等我到公园，我再用 Skype 打给你。

17) Je te rappelle quand j'arrive dans le parc!
当我到公园时，我再打给你！ ＊ rappeler 再打电话

18) Rappelle-moi dans 5 minutes, je dois me connecter au Wi-Fi d'abord!
五分钟后再打给我，我需要先连个无线网络！

19) Je vais essayer de me reconnecter car la connexion n'est pas bonne.
我要尝试重新连线，因为信号不是很好。

20) Je vais juste utiliser Internet quelques minutes dans le parc et je reviens, attendez-moi!
我只要在公园使用几分钟网络，然后就回来，您要等我！

18 在公园也能上网收 E-mail E-mail et Internet dans les espaces verts

语法练习 Grammaire

代动词的复合过去式

代动词用于复合过去式时，过去分词的阴、阳性和单、复数需和做动作的主语一致。

例 **Nous nous levons à 7h le matin.**（一般式）
我们每天早上七点起床。

Nous nous sommes levés à 7h ce matin.（过去式）
我们今天早上七点起床。

当动词后面接宾语时，则代动词和主语的阴、阳性或单、复数不需一致。

例 **Ils se sont écrit des lettres.** 他们写信。
（écrit 动词后面接宾语 des lettres，所以 écrit 不用配合复数主语加 s。）

Ils se sont écrits. 他们写东西。
（有自反意思的代动词 se，放在动词前，动词后也没接宾语，所以要加 s 和复数主语一致。）

被动式

被动式用来表示一个由我们自己或别人所带来的动作。被动式有个简单和实用的句型结构，可借人称代词 on 来建构。

文 句型结构：**On** + 施动者 + 动词 + 宾语

例 **On m'a donné un billet gratuit pour le Louvre.**（被动式）
有人给我一张卢浮宫的免费门票。

=**J'ai reçu un billet gratuit pour le Louvre.**（主动式）
我收到一张卢浮宫的免费门票。

名词的比较级用法

名词的比较级使用这三个关键词：moins（更少）、autant（同样）、plus（更多）。

文 句型结构：主语1 + 动词 + **moins / autant / plus**+ **de**+ 宾语 / 名词 + **que** + 主语2

例 **Elle a moins de temps que nous.**
她的时间比我们的更少。

J'ai autant de livres que toi!
我和你有同样多的书！

Marc a plus d'amis que moi.
马克的朋友比我的多。

Partie **3** 午安，法国！

用法国人的一天学法语

法国人的秘密花园……
Secret de France

〖哪里有免费无线网络？〗

想用免费无线网络就去喝杯咖啡吧！

　　国内很多城市有很方便的无线网络环境，但在法国想要找到免费的无限网络可不是件容易的事情，最简单的方法就是到咖啡厅去点杯咖啡！不过可不是每家咖啡厅都有无线网络可以使用，因为他们认为到咖啡厅是为了面对面彼此交流，而不是活在自己的虚拟世界中（如同本单元情境对话中，公园里的老太太所说的）。所以咖啡厅也许不是使用免费网络的最佳选择。但如果真的临时需要使用免费的无线网络，该怎么办呢？建议到麦当劳，因为大部分麦当劳的无线网络都不需要密码就可以直接使用！

小知识

别再当低头族啰！
到法国千万别当低头族，因为你将会错失世上最美丽的风景，而且也很可能遇到不必要的麻烦，尤其是在巴黎！大家要知道巴黎的治安并不好，若是拿着手机一直低头滑屏，很容易成为窃贼的目标！既然到了巴黎，不如好好用心观察法国人怎么生活吧！

Paris Wi-Fi

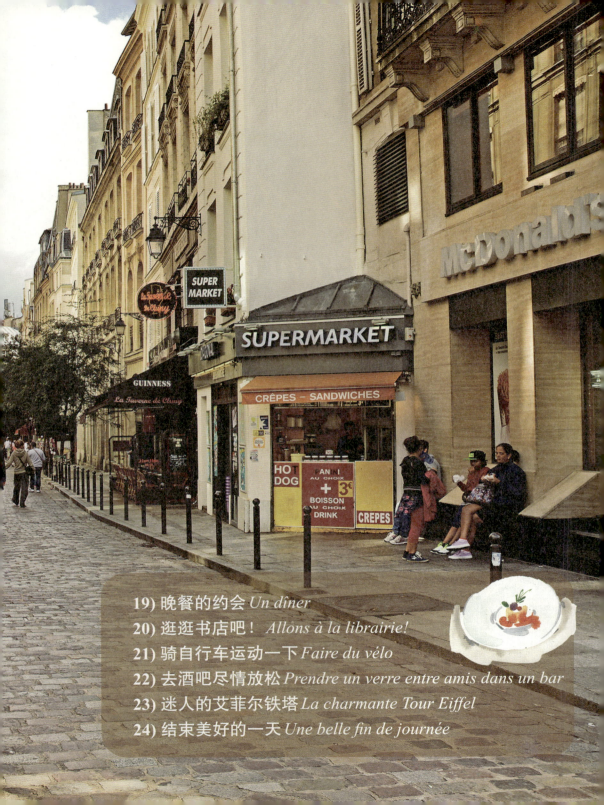

19) 晚餐的约会 Un dîner
20) 逛逛书店吧！Allons à la librairie!
21) 骑自行车运动一下 Faire du vélo
22) 去酒吧尽情放松 Prendre un verre entre amis dans un bar
23) 迷人的艾菲尔铁塔 La charmante Tour Eiffel
24) 结束美好的一天 Une belle fin de journée

19 晚餐的约会 *Un dîner*

> 法国人和中国人一样非常重视"饮食"。不同的是，法国人的用餐时间比我们长很多。他们相当重视用餐过程的细致品质，以及对于餐点的专注程度。

Partie 4 晚安，法国！

和法国人学单词 Vocabulaire 🎧 19-01

- **un restaurant traditionnel**
  [œ̃ rɛstɔrɑ̃ tradisjɔnɛl]
  传统餐厅

- **un restaurant péniche**
  [œ̃ rɛstɔrɑ̃ peniʃ]
  船屋餐厅

- **un restaurant gastronomique**
  [œ̃ rɛstɔrɑ̃ gastrɔnɔmik]
  美食餐厅

- **les horaires d'ouverture**
  [lez-ɔrɛr duvɛrtyr]
  营业时间

- **l'ambiance**
  [lɑ̃bjɑ̃:s]
  气氛；环境

- **l'entrée**
  [lɑ̃tre]
  入口

- **un restaurant étoilé**
  [œ̃ rɛstɔrɑ̃ etwale]
  星级餐厅

- **le service**
  [lə sɛrvis]
  服务

> 星级餐厅指的是经米其林 Le Guide Rouge（红色指南）评定为"一星至三星"的餐厅。
> Le Guide Michelin（米其林指南）分为 Le Guide Rouge（红色指南）及 Le Guide Vert（绿色指南），红色专门评定及介绍美食，绿色则提供旅游景点及道路资讯。

用法国人的一天学法语

- **le menu**
[lə məny]
菜单

- **commander**
[kɔmɑ̃de]
点餐

- **le type de cuisine**
[lə tip də kɥizin]
菜色的类型

- **une suggestion**
[yn sygʒɛstjɔ̃]
建议

- **le plat**
[lə pla]
餐点

- **un verre**
[œ̃ vɛr]
杯子

- **une serviette**
[yn sɛrvjɛt]
餐巾

- **une cuillère**
[yn kɥijɛr]
汤匙

- **une fourchette**
[yn furʃɛt]
叉子

- **un couteau**
[œ̃ kuto]
刀子

- **l'entrée**
[lɑ̃tre]
前菜

- **une assiette**
[yn-asjɛt]
盘子

- **le dessert**
[lə desɛr]
甜点

- **le plat principal**
[lə pla prɛ̃sipal]
主菜

- **la soupe**
[la sup]
汤

- **du vin**
[dy vɛ̃]
葡萄酒

和法国人学会话 Dialogue　MP3 19-02

19　晚餐的约会 *Un dîner*

Partie **4**

晚安，法国！

[**dans un restaurant étoilé**
在星级餐厅]

Alice: S'il vous plaît, quel est le plat du jour?
艾莉丝：不好意思，今日餐点是什么呢？

Le serveur: Le plat du jour est un jarret de veau avec sa sauce à l'orange.
服务生：今日餐点是小牛腿肉佐橙汁。

avoir l'air 好像

Elisabeth: Hum, ça **a l'air** très bien. Alice, tu devrais essayer.
伊丽莎白：嗯，好像很棒。艾莉丝，你应该尝试看看。

Alice: Heu, très bien, *(s'adressant au serveur)* je vais prendre le plat du jour, s'il vous plaît.
艾莉丝：嗯，太棒了，（和服务生对话）我要点今日特餐，麻烦您。

Le serveur: Très bien, et pour vous Madame?
服务生：好的，那您呢，女士？

19

用法国人的一天学法语

Elisabeth: Et bien moi, j'hésite encore entre le magret de canard aux pommes et la tourte au poulet… Qu'est-ce que vous me conseilleriez?

伊丽莎白：我呢，我还在苹果鸭胸和鸡肉馅饼中犹豫着……您能给我一些建议吗？

Le serveur: Je vous conseille de prendre le magret, je pourrais ainsi vous suggérer un vin qui pourrait aller aussi bien avec le plat du jour qu'avec le magret.

服务生：我建议您点鸭胸，同样也建议您点个能和今日特餐及鸭胸搭配的葡萄酒。

Elisabeth: Très bien, je prends le magret. Et en vin, votre suggestion?

伊丽莎白：好的，我点鸭胸。酒的话，您的建议是？

Le serveur: Et bien, je vous suggère un vin un peu corsé avec beaucoup de couleur pour **contrebalancer** la sauce à l'orange et le magret : un Bordeaux supérieur.

服务生：好的，我建议您点个有点浓郁且色泽丰富的葡萄酒去中和橙酱和鸭胸，如这瓶波尔多特级酒。

contrebalancer
中和；平衡

Elisabeth: Le choix me paraît bien.

伊丽莎白：这选择我觉得很好。

Le serveur: Très bien Madame, je vous apporte le vin tout de suite.

服务生：太好了，女士，我马上拿酒给您。

120

19) 晚餐的约会 Un dîner

这些句子一定要会说
Phrases pratiques à utiliser

 19-03

1) J'aimerais faire une réservation.
我想要预约。
* faire une réservation 预约

2) Est-ce qu'il est possible de réserver?
能够预约吗？

3) Quelles sont vos horaires d'ouverture?
营业开始的时间是几点呢？

4) Quelle est votre spécialité?
您的特色是什么呢？

5) Qu'est-ce que vous nous recommandez pour l'apéritif?
您推荐我们什么餐前酒呢？

6) Quel est le plat du jour?
哪一个是今日餐点呢？
* plat du jour 今日餐点

7) Avez-vous une suggestion pour le vin?
您对酒有什么建议吗？

8) Nous sommes prêts pour commander!
我们准备好点餐了！
* prêt pour 为～做好准备

9) Quel menu intéressant!
多么令人感兴趣的菜单啊！

10) Vous changez souvent de menu?
你们常更换菜单吗？

Partie 4 — 晚安，法国！

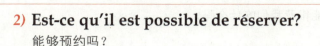
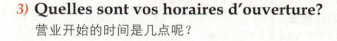

11) **Avez-vous des formules?**
你们有套餐吗？

12) **Nous avons une grosse faim, qu'est-ce que vous nous conseillez?**
我们非常饿，您能推荐我们吃什么吗？
* avoir faim 肚子饿

13) **J'hésite entre le vin rouge et le blanc.**
我在红酒和白酒间犹豫。
* J'hésite entre A et B 表示"我在 A 和 B 之间犹豫"

14) **Quel vin pourrait bien accompagner ce plat?**
哪一款酒能搭配这道菜呢？
* accompagner 搭配

15) **C'est délicieux, nous nous régalons!**
这实在太美味了，我们非常享受！
* se régaler 享受美味

16) **Mes compliments au chef!**
请转达我对厨师的赞美！

17) **Est-ce que nous pouvons rencontrer le chef?**
我们能和厨师见面吗？
* le chef 厨师

18) **J'aimerais prendre une photo avec le chef, c'est possible?**
我想要和厨师拍个照，可以吗？

19) **Nous verrons après pour les desserts.**
我们对甜点拭目以待。

20) **Qu'est-ce qu'il y a dans le café gourmand?**
下午茶套餐包括什么呢？

语法练习 Grammaire

副词的用法

副词可用来修饰动词、形容词，甚至是另一个副词。在法语中，副词并不需要跟着主语的阴、阳性和单、复数作改变，且大部分副词都是以 -ment 的形态结尾。

三种副词的转变方式如下：

阴性形容词后	直接加 ment	rapide（快的）→ rapidement（很快地）
ant 结尾的形容词	用词根 + mment	élégant（优雅的）→ élégamment（优雅地）
ent 结尾的形容词	用词根 + mment	prudent（谨慎的）→ prudemment（谨慎地）

要注意的是，有些副词并不是以 ment 结尾，例如：

数量副词：peu（少）、trop（太过；非常）、beaucoup（很；非常）、moins（更少）、plus（更加；更多）、un peu（一点）、tout（非常）

时间副词：hier（昨天）、bientôt（不久）、maintenant（现在）、aussitôt（立刻）、soudain（突然）

例 **Ils travaillent rapidement et efficacement.**（修饰动词）
他们工作快速又有效。
Elles ne sont pas très petites.（修饰形容词）
她们不是那样矮小。
Elle parle assez bien Français!（修饰副词）
她法语讲得相当好！

动词 devoir 的用法

devoir 通常用来表示应尽的权利或义务，也用在说明一些程序及步骤上。
devoir 是不规则动词，现在时变化如下：Je dois、tu dois、il / elle doit、nous devons、vous devez、ils / elles doivent。

例 **Vous devez remplir ce formulaire et nous envoyer les documents nécessaires.**
您应该填完这个表格并寄给我们必需的资料。
Tu me dois 20 euros.
你应该给我 20 欧元。

用法国人的一天学法语

寻求建议或给予建议的用法

可以用动词 conseiller、suggérer、proposer、devoir 来询问或给予他人建议。寻求建议时，要用条件式的现在式；回答时同样要使用条件式的现在式。

文 Q: Qu'est-ce que je devrais faire? 我应该如何做呢？
A: Vous devriez+ 原形动词

Q: Qu'est-ce que vous me conseilleriez? 您建议我什么呢？
A: Je vous conseille de+ 原形动词

Q: Auriez-vous un conseil? 您有什么建议吗？
A: Oui, vous devriez / Je vous suggère / Je vous propose de + 原形动词

例 Q: Il y a tellement de monuments à visiter, je ne sais pas par où commencer, auriez-vous un conseil?
A: Oui, je vous suggère de commencer par la Cathédrale Notre Dame puis le quartier latin et de finir avec le Louvre.
Q: 有这么多古迹可以参观，我不知道要从哪个开始，您有什么建议吗？
A: 好的，我建议您从圣母院开始，然后到拉丁区，最后再到卢浮宫。

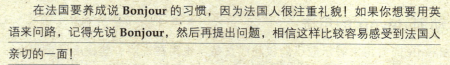

【法国人真的不讲英语？】

不会法语也要用 Bonjour 打招呼！

在法国要养成说 Bonjour 的习惯，因为法国人很注重礼貌！如果你想要用英语来问路，记得先说 Bonjour，然后再提出问题，相信这样比较容易感受到法国人亲切的一面！

大家常说法国人很高傲，不讲英语，其源由可追溯至英法两国间的历史纠葛。法语曾是世界上最多人使用的语言，直到英国随着战争将英语带到更多区域，以及美国成为世界主要强国后，法语的地位便不像以前那么高。但在英国及其他国家，法语可是贵族必学的语言！现在在英国还有很多老奶奶说得一口流利法语。从历史上来看，法国人的确是不喜欢英语的。但随着世代交替，法国人也愿意讲英语来做交流，不过当然他们还是喜欢会说法语的访客！

20 逛逛书店吧！ *Allons à la librairie!*

Partie 4 晚安，法国！

说到书店，很多人都会联想到"莎士比亚书店"。其实，莎士比亚书店不是只卖书，他们还会定期举办文学交流活动，并提供店内空间给文学创作者写作。

和法国人学单词 Vocabulaire
MP3 20-01

- **les rayons**
  [le rɛjɔ̃]
  书柜

- **une librairie**
  [yn libreri]
  书店

- **un étalage d'exposition**
  [œ̃n- etalaʒ dɛkspozisjɔ̃]
  书籍展示平台

- **BD & Humour (BD =bandes dessinées)**
  [bede e ymur]
  漫画与幽默

- **jeunesse**
  [ʒœnɛs]
  青春

- **loisirs-tourisme**
  [lwazirturism]
  旅游休闲

- **sciences humaines**
  [sjɑ̃s ymɛn]
  人类科学

- **sciences & techniques**
  [sjɑ̃s e tɛknik]
  科学与技术

- **scolaire**
  [skɔlɛr]
  教科书

- **spiritualites**
  [spiritualite]
  心灵

- **de la poésie**
  [də la pɔezi]
  诗集

- **du théâtre**
  [dy teatr]
  戏剧

125

- **un livre relié**
  [œ̃ livr rəlje]
  精装书

- **un roman**
  [œ̃ rɔmɑ̃]
  小说

- **un livre broché**
  [œ̃ livr brɔʃe]
  平装书

- **un roman historique**
  [œ̃ rɔmɑ̃ istorik]
  历史小说

- **un roman sentimental**
  [œ̃ rɔmɑ̃ sɑ̃timɑ̃tal]
  情感小说

- **un polar = roman policier**
  [œ̃ pɔlar] = [rɔmɑ̃ pɔlisje]
  侦探小说

- **un roman de science fiction**
  [œ̃ rɔmɑ̃ də sjɑ̃s fiksjɔ̃]
  科幻小说

- **littérature française**
  [literatyr frɑ̃sɛ:z]
  法国文学

- **une version numérique**
  [yn vɛrsjɔ̃ nymerik]
  数位版本

- **livres de poche**
  [livr də pɔʃ]
  口袋书

- **littérature étrangère**
  [literatyr etrɑ̃ʒɛ:r]
  外国文学

- **langues étrangères**
  [lɑ̃gz-etrɑ̃ʒɛr]
  外国语言

- **un livre d'occasion**
  [œ̃ livr dɔkazjɔ̃]
  二手书

- **des livres en solde**
  [de livr ɑ̃ sɔld]
  有折扣的书

- **une promotion**
  [yn prɔmosjɔ̃]
  促销

20 逛逛书店吧！ Allons à la librairie!

Partie **4** 晚安，法国！

[**Dans une librairie**
在书店]

Rose est dans une librairie et se dirige vers une vendeuse pour un renseignement... 萝丝在书店内，向女店员询问资讯……

Rose: Bonjour, excusez-moi, je cherche la section des langues étrangères...
萝丝：您好，不好意思，我正在寻找外语类的书……

La vendeuse: Oui, c'est tout au bout à droite à côté de la section des romans étrangers au troisième étage.
女店员：好的，全在第三层，走到底右边角落的外国小说区。

Rose: Au troisième étage, au bout à droite…?
萝丝：在第三层，走到底右边……？

> au bout 到底

La vendeuse: Oui, attendez, je vous accompagne.
女店员：是的，您稍等，我陪您过去。

Rose: Merci!
萝丝：谢谢！

127

La vendeuse: Voilà, vous avez la section des langues étrangères ici. Quel genre de livre cherchez-vous?

女店员：到啦，您要的外语类在这里。您在找哪一种书呢？

> voilà 是表达"就在这边""看啊""就这样""终于"等口语用法。

Rose: Je cherche un livre pour apprendre le français mais pas trop de grammaire...

萝丝：我正在找一本学习法语的书，但不要有太多语法……

La vendeuse: D'accord, je vois. Regardez, celui-ci est assez simple, les points de grammaires sont présentés en contexte, il y a aussi des photos, qu'en pensez-vous?

女店员：好的，我知道了。您看，这个蛮简单的，所有语法的部分是用上下文呈现的，也附有一些照片，您觉得呢？

Rose: D'accord, je vais prendre celui-là. Dites-moi, où se trouve le rayon tourisme? Je cherche également un guide touristique de la France.

萝丝：好的，我要拿这本。告诉我一下，旅游书柜在哪边？我同样也正在寻找一本法国旅游手册。

La vendeuse: Alors, vous trouverez tous les guides touristiques au 4ème étage. L'ascenseur se trouve au bout à gauche.

女店员：那么，您在第四层可找到所有旅游指南。电梯走到底左边。

Rose: Très bien, merci de votre aide!

萝丝：太好了，谢谢您的帮忙！

La vendeuse: Mais je vous en prie.

女店员：不用客气。

20 逛逛书店吧！ Allons à la librairie!

这些句子一定要会说
Phrases pratiques à utiliser 🎵 20-03

1) **Excusez-moi, je cherche la section Science Fiction.**
打扰一下，我正在找科幻小说类的书。

2) **Je ne trouve pas ce que je cherche, pourriez-vous m'aider?**
我找不到我想找的，您能帮助我吗？

3) **Vous avez une grande collection, c'est impressionnant!**
你们的收藏真丰富，真令人印象深刻啊！

4) **À quel étage se trouve la section livre de cuisine?**
厨艺类的书在哪一楼呢？

5) **Avez-vous des livres en promotion en ce moment?**
你们现在有促销的书吗？　＊ **en promotion** 促销

6) **Je cherche des livres en version bilingue.**
我正在找双语版本的书。
＊ **bilingue** 双语； **trilingue** 三国语言； **multilingue** 多国语言

7) **Avez-vous des livres pour apprendre le français?**
您们有学习法语的书吗？
＊也可以询问其他类项目，如 **les langues étrangères**（外语）、**la cuisine**（厨艺）、**la dégustation du vin**（品酒）等

8) **Avez-vous des livres d'occasion?**
你们有二手书吗？

9) **Quelles sont vos meilleures ventes en ce moment?**
你们目前销售最佳的是哪些呢？　＊ **en ce moment** 此刻；目前

10) **J'ai besoin d'un livre plus facile à lire.**
我需要一本读起来较简单的书。

Partie 4 — 晚安，法国！

用法国人的一天学法语

11) J'ai trouvé ce que je cherche, merci!
我已经找到我要找的，谢谢！

12) Je regarde un peu, merci.
我看一下，谢谢。

13) Est-ce qu'il est possible de commander ce livre?
可以订购这本书吗？

14) Est-ce que vous pouvez faire un paquet cadeau pour ce livre? 你们能替这本书做礼物包装吗？

* faire un paquet cadeau 做礼物包装

15) J'aime beaucoup la couverture!
我很喜欢这个封面！

* la couverture 封面

16) Est-ce qu'il existe avec une couverture souple?
它有书皮吗？

* une couverture souple 书皮

17) Il fait combien de pages?
有几页呢？

18) Est-ce qu'il existe en version anglaise?
它有英语的版本吗？   * anglais 英语的

19) J'aime beaucoup cet (te) auteur.
我很喜爱这位作者。   * auteur 作者

20) Avez-vous d'autres livres du même auteur?
你们有同一位作者的其他书吗？

语法练习 Grammaire

数字的基本用法

在描述楼层或是区域时，要使用序数。

文 1. 序数的结构：数字 +ième
 2. 序数"第一"：premier（阳性）；première（阴性）
 3. 序数"第二"：deuxième 或 second（阳性）；seconde（阴性）

déjà 的用法

询问别人是否"已经"或"曾经"做过某事、有什么经验，可用 déjà 搭配复合过去式。

文 句子结构：être 或 avoir + 主语 +déjà + 动词的过去分词（+ 物体）

例 A: Avez-vous déjà vu une pièce de théâtre en France?
 B: Oui. / Non, pas encore.
 A: 您曾在法国看过一出戏剧吗？
 B: 看过 / 没有，尚未。
 A: Avez-vous déjà regardé dans ce rayon?
 B: Oui, mais je ne trouve pas le livre. / Non, pas encore.
 A: 您查看过这个书柜了吗？
 B: 查看过了，但我找不到要的书。/ 没有，尚未查看。

请求他人进一步描述

如果要请求他人对某人或某物做出进一步的描述，可以使用"Quel genre de...?（哪一种类型）"开头的问句。

文 句型结构：Quel genre de + 物体 + 动词 + 主语？

例 A: Quel genre de livre cherchez-vous?
 B: Je cherche des livres pour enfants.
 A: 您在找哪一种书呢？
 B: 我正在找小孩的书。
 A: Quel genre d'endroit aimez-vous?
 B: Nous aimons les endroits calmes et reposants.
 A: 你们喜欢哪种类型的地方呢？
 B: 我们喜欢安静且能休息的地方。

20 逛逛书店吧！ Allons à la librairie!

Partie 4

晚安，法国！

131

用法国人的一天学法语

法国人的秘密花园
Secret de France

【塞纳河畔的莎士比亚书店】

巴黎是一席流动的飨宴——海明威

在一个不爱讲英语的国家卖英语书，行得通吗？原本由英国人 Sylvia Beach 在 1919 年创办的一家书店，随着"二战"爆发延伸的事故，1951 年由美国人 George Whitman 接手延续莎士比亚书店，直到现今他的孙女接手。

是怎样的书店能够这样延续传承且屹立不倒呢？原来莎士比亚书店不是只卖书，还会定期举办文学交流活动，更提供店内空间给文学创作者写作。著名的作家海明威便是其中一位受惠于这家书店的文学家。著名的电影《午夜巴黎》及长荣"I see You"广告里金城武开头的场景，都是在这里取景。不过，平常书店内是禁止摄影的！

小知识

莎士比亚书店怎么走？

莎士比亚书店位于圣母院附近，搭乘地铁十号线在 cité 站出站，沿着 Rue de la cité 走，越过 Petit pont 小桥即可到达。

▲莎士比亚书店。

21 骑自行车运动一下 *Faire du vélo*

Partie 4 晚安，法国！

法国一直是个提倡绿能环保的国家。在法国，大部分的大城市都有自己专属的公共自行车系统。

和法国人学单词 Vocabulaire 🎧 21-01

- **un vélo**
  [œ̃ velo]
  自行车

- **un casque**
  [œ̃ kask]
  安全帽

- **le cyclisme**
  [lə siklism]
  自行车赛

- **un phare**
  [œ̃ far]
  车头灯

- **le VTT (= vélo tout terrain)**
  [lə vetete]
  越野自行车

- **rouler en vélo**
  [rule ɑ̃ velo]
  骑自行车

- **les équipements de protection**
  [lez ekipmɑ̃ də prɔtɛksjɔ̃]
  安全设备

- **la chaussée**
  [la ʃose]
  马路

- **une piste cyclable**
  [yn pist siklabl]
  自行车道

- **un gilet jaune**
  [œ̃ ʒilɛ ʒon]
  黄色安全背心

133

- **randonnée à bicyclette**
  [rɑ̃dɔne a bisiklɛt]
  自行车郊游

- **le panneau**
  [lə pano]
  路标

- **un Vélo club**
  [œ̃ velo klœb]
  自行车俱乐部

- **le cyclotourisme**
  [lə siklotursim]
  自行车旅行

- **un skate(board) = une planche à roulette**
  [œ̃ ske(tbɔ:rd)] [yn plɑ̃ʃ a rulɛt]
  滑板

- **faire du roller**
  [fɛr dy rɔlœr]
  滑旱冰

- **une balade en rollers**
  [yn balad ɑ̃ rɔlœr]
  滑旱冰散步

- **faire du skate (=skateboard)**
  [fɛr dy sketbɔrd]
  玩滑板

- **des rollers = des patins à roulettes**
  [de rɔlœr] = [de patɛ̃ a rulɛt]
  旱冰鞋

- **une rampe de skate(board)**
  [yn rɑ̃p də sket (bɔrd)]
  滑板坡道

- **faire de la trottinette**
  [fɛr də la trɔtinɛt]
  溜板车

21 骑自行车运动一下 Faire du vélo

和法国人学会话 Dialogue 🎧 21-02

Partie **4** 晚安，法国！

[Sur une terrasse de café]
在露天咖啡座

Alice est sur une terrasse de café avec des collègues français, ils discutent de leurs projets du week-end...
艾莉丝和她的法国同事们在户外咖啡座上，正在讨论他们的周末行程……

Alice: Qu'est-ce que vous faites ce week-end?
艾莉丝：你们这个周末要做什么呢？

Julien: Moi j'ai <mark>prévu</mark> d'aller faire un tour de vélo, j'en fais rarement et il fera beau ce week-end…
prévoir 预计：打算
朱利安：我准备去骑趟自行车，因为我现在很少骑车，而这周末将会是个好天气……

Mathieu: Moi je vais rejoindre le <mark>Pari-roller</mark> ce vendredi soir, avec le printemps, ils recommencent leurs randonnées à travers la ville.
马修：我将要参加这星期五晚上的 Pari-roller。春天到了，他们重新开始穿越城市的出游。

> Pari-roller 是由滑旱冰爱好者发起的活动。每周五晚上十点在 Place Raoul Dautry 或 Montparnasse 地铁站集合出发，进行三小时由警察开路的巴黎滑旱冰之旅，可说是另类夜游巴黎的方法！

Alice: Qu'est-ce que c'est?
艾莉丝：这是什么？

Mathieu: C'est un groupe de rollers qui se rejoint le vendredi soir pour un parcours de randonnée à travers Paris pendant 1heure ou 2. C'est super ! Je participais souvent autrefois.

马修：这是滑旱冰团体于每周五晚上相聚一起穿越巴黎一个或两个小时的出游行程。这是超棒的！我之前经常参加。

Julien: Alice , tu devrais essayer si tu ne connais pas!

朱利安：艾莉丝，如果你不知道的话，应该尝试看看！

Alice: Je ne fais pas souvent de rollers, je ne sais pas si je peux suivre tout le monde…

艾莉丝：我不常溜旱冰，我不知道能否跟上大家……

Mathieu: Si, il y a des groupes par vitesse avec des personnes pour t'accompagner. Tu devrais y aller!

马修：可以的，有很多根据速度分类的小组，都有人可以陪着你。你应该去一下！

> par vitesse 根据速度分类

Alice: Ok…Comment on fait pour s'inscrire?

艾莉丝：好……怎么报名呢？

Mathieu: Tout est en ligne, tu t'inscris sur le site et c'est tout, regarde! *(il lui montre son portable)*

马修：都在线上作业，你就这样线上注册，你看！（他拿他的手机给她看）

Alice: Super! C'est parti pour le pari-rollers vendredi soir!

艾莉丝：超棒！星期五的 Pari-roller 出发啰！

21 骑自行车运动一下 *Faire du vélo*

这些句子一定要会说
Phrases pratiques à utiliser   21-03

Pertie 4 晚安，法国！

1) **Est-ce que vous faites du sport ?**
您做什么运动呢？

2) **Qu'est-ce que vous faites ce week-end ?**
您周末要做什么呢？

3) **Vous savez faire du roller ?**
您会溜旱冰吗？　＊ savoir faire 会做～

4) **J'adore faire du vélo.**
我喜欢骑自行车。

5) **Est-ce qu'on peut louer un vélo / des rollers ?**
我们能租自行车／旱冰鞋吗？
＊ louer 租借（金钱上）； prêter 出借（不一定有金钱交易）

6) **Vous en faites souvent ?**
您常做什么呢？
＊ en = du vélo（自行车）、du roller（旱冰）、du sport（运动）……

7) **Une randonnée, ça vous dit ?**
出游去，您说呢？

8) **Moi, j'aimerais bien faire un peu de sport à l'extérieur.**
我呢，我喜欢做点户外运动。

9) **Où est-ce que je peux acheter des articles de sport ?**
我能在哪里买些体育用品呢？
＊ des articles de sport 体育用品

10) **Comment ça marche pour participer ?**
想参加需要怎么做呢？

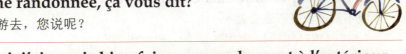

137

11) Fais attention à ne rien oublier!
注意别忘了！

12) J'aimerais bien essayer moi aussi!
我也是喜欢尝试！

13) Je peux me joindre à vous?
我能加入你们吗？

14) Autrefois, j'en faisais souvent.
以前，我常做。
* en = du vélo（自行车）、du roller（旱冰）、du sport（运动）……

15) Est-ce que tu sais en faire?
你会做吗？
* en = du vélo（自行车）、du roller（旱冰）、du sport（运动）……

16) Ça fait longtemps que j'en ai pas fait!
我很久没做了！
* Ça fait longtemps que 很久~
* en = du vélo（自行车）、du roller（旱冰）、du sport（运动）……

17) Je ne sais pas si je sais encore en faire...
我不知道我是否还会做……
* en = du vélo（自行车）、du roller（旱冰）、du sport（运动）……

18) Est-ce que tu pourrais m'apprendre?
你能教我吗？ * apprendre à ~ à + 原形动词，表示"教~（某人）做~"

19) J'ai un peu peur d'en faire tout(e) seul(e).
我有点害怕独自做。
* en = du vélo（自行车）、du roller（旱冰）、du sport（运动）……

20) C'est difficile?
这困难吗？

21 骑自行车运动一下 Faire du vélo

频率副词的用法

要表达做某动作的"程度"时，需要用到频率副词。以下将依频率高低，介绍法语中常用的频率副词。

文 jamais（从未）→ rarement（稀少）→ de temps en temps = parfois（有时）→ souvent（经常）→ très souvent（常常）→ tout le temps = toujours（总是）

例 **Je fais souvent du vélo à Paris.**
我在巴黎经常骑自行车。
Elle mange souvent à l'extérieur.
她经常在外吃饭。
Il parle rarement l'anglais.
他很少讲英语。
（注意，频率副词的位置都放在主要动作后面。）

faire attention 的用法

faire attention 可用于表示注意及警告，例如要提醒对方小心车辆时，就可以使用。相关用法请参考以下例句。

文 肯定句型：faire 命令式 + attention + à + 物体或原形动词
　否定句型：faire 命令式 + attention + à + 物体或 ne pas + 原形动词

例 **Faites attention à ne pas trop boire ce soir!**
注意今晚不要喝太多！
Fais attention aux voitures en traversant!
穿越马路时要注意车辆！

comment 的用法

comment 可用来询问"如何"完成一个动作的方法，用法很简单。请参考下面的句型及例句。

文 句型结构：Comment + 主语 + pouvoir 的动词变化 + 原形动词（+ 物体）？

例 **Comment je peux passer un coup de téléphone à l'étranger?**
我如何能把电话打到国外呢？
Comment je peux changer mes billets en euros?
我如何能将钱换成欧元呢？

用法国人的一天学法语

法国人的秘密花园……
Secret de France

【去法国租自行车逛街吧！】

换个不一样的速度看法国

　　法国里昂是世界上第一个配置公共自行车的城市（从 **2005** 年开始），现在在法国大部分的大城市都有自己专属名称的公共自行车系统，例如：里昂的 **Vélo'v**、巴黎的 **Vélib'**、尼斯的 **Vélo Bleu** 等。法国一直是个提倡绿能环保的国家，公共自行车系统既能减少环境污染，也能为生活增加多种不同的步调。如果你不是跟团旅行，那么你可以租个自行车迎着风感受一下法国的生活！

　　周末时，法国人常会租自行车一起出游。如果你想加入他们，那么可以利用租自行车的机器，买张一天票或是周票，就可在票券有限时间内免费使用三十分钟！但要注意的是，一百五十元的押金常因自行车归还时没注意而被扣款，别忘了归还车辆时一定要按照步骤完成！

Louer un vélo pour se balader!

22 去酒吧尽情放松
Prendre un verre entre amis dans un bar

Partie 4 — 晚安，法国！

> 法国人的品酒方式，不像中国人这么豪迈。通常法国人说"干杯"时，并不代表要真的把酒喝完！

和法国人学单词 Vocabulaire

🎧 MP3 22-01

- **un aperitif**
  [œ̃n-aperitif]
  开胃菜

- **des tapas**
  [de tapas]
  小菜

- **un cocktail maison**
  [œ̃ kɔktɛl mɛzɔ̃]
  招牌调酒

- **un bar**
  [œ̃ bar]
  酒吧

- **le barman**
  [lə barman]
  调酒师

- **un digestif**
  [œ̃ diʒɛstif]
  助消化酒

- **une terrasse**
  [yn tɛras]
  露天座位

- **une terrasse chauffée**
  [yn tɛras ʃofe]
  有暖气的露天座位

41

用法国人的一天学法语

- **un bar branché**
  [œ̃ bar brɑ̃ʃe]
  新潮酒吧

- **un bar à cocktail**
  [œ̃ bar-a kɔktɛl]
  鸡尾酒酒吧

- **se retrouver dans un bar**
  [sə rətruve dɑ̃z- ɛ̃ bar]
  在酒吧碰面

- **faire la fête**
  [fɛr la fɛt]
  庆祝

- **bar à concerts**
  [bar-a kɔ̃sɛr]
  音乐酒吧

- **un bar cosy**
  [œ̃ bar kɔzi]
  舒适的酒吧

- **une bonne ambiance**
  [yn bɔn-ɑ̃bjɑ̃s]
  好气氛；好环境

- **un bistrot de quartier**
  [œ̃ bistro də kartje]
  街区的小酒吧

- **profiter de l'ambiance**
  [prɔfite də lɑ̃bjɑ̃s]
  享受气氛

- **passer une soirée entre amis**
  [pase yn sware ɑ̃tr ami]
  和朋友度过一个夜晚

- **passer une soirée conviviale**
  [pase yn sware kɔ̃vivjal]
  度过一个愉快的夜晚

- **payer sa tournée**
  [peje sa turne]
  请客

- **un coin cosy**
  [œ̃ kwɛ̃ kɔzi]
  舒适的角落

142

22 去酒吧尽情放松 *Prendre un verre entre amis dans un bar*

Partie **4** 晚安，法国！

[Dans un bar
酒吧内]

Alice arrive dans le bar et cherche ses amies en tournant la tête à droite à gauche...
艾莉丝到酒吧内，东看西看地找她的朋友们……

Elodie: Alice, par ici!
艾洛蒂：艾莉丝，在这边！

Alice: Ah, désolée, je suis un peu en retard!
艾莉丝：啊，抱歉，我迟到了一会儿！

Elodie: Pas de soucis, c'est vendredi soir, on est
là pour se détendre!
艾洛蒂：没关系，这是星期五晚上，我们是来这里放松的！

Fabienne: Oui, c'est vrai.
法碧恩：是啊，的确。

> pas de soucis
> = pas de problème
> 没关系（熟人间的用法）

Alice: Ah, ok. Qu'est-ce que vous buvez?
艾莉丝：啊，好。你们要喝什么？

Elodie: Moi j'ai pris un Kir Royal et elle, une
soupe de champagne.
艾洛蒂：我点一杯 Kir Royal 鸡尾酒，而她要一杯香槟鸡尾酒。

143

Alice: Une soupe de champagne? C'est bon?

艾莉丝：一杯香槟鸡尾酒？这好喝吗？

Fabienne: J'adore ce cocktail, le goût du Cointreau et du champagne vont très bien ensemble. Tu devrais essayer!

法碧恩：我喜欢这款鸡尾酒，君度橙酒和香槟的味道合起来超棒。你应该尝尝看！

> Cointreau 君度橙酒

Alice: Ok, allons-y pour une soupe de champagne! *(elle s'adresse au serveur)* S'il vous plaît, une autre soupe de champagne!

艾莉丝：好，我们来点香槟鸡尾酒！（她往服务生那里走去）麻烦您，再来一杯香槟鸡尾酒！

Le serveur: Entendu!

服务生：好的！

Elodie: Il y a au moins un mois que je ne suis pas venue ici, c'est toujours aussi sympa!

艾洛蒂：我至少有一个月没来这里了，这里还是一样棒！

> au moins 至少

Alice: Je ne suis jamais venue dans un bar en France, c'est la première fois!

艾莉丝：我在法国从来没去过酒吧，这是第一次！

Elodie: Ah bon? Une raison de plus pour porter un toast, tiens voilà ton cocktail.

艾洛蒂：啊，是吗？再来一个干杯的理由，拿起你的鸡尾酒来。

> porter un toast 举杯庆祝

Alice: Je lève mon verre à mon 1er bar en France!

艾莉丝：我举杯敬我的第一次法国酒吧行！

Elodie: Santé!

艾洛蒂：干杯！

> Santé 原意是健康，在法国举杯喝酒时都会说 Santé，但不需要真的喝光！

22 去酒吧尽情放松 *Prendre un verre entre amis dans un bar*

这些句子一定要会说
Phrases pratiques à utiliser 22-03

1) **Où est-ce qu'on se retrouve?**
   我们在哪里碰面呢？

2) **Tu connais un endroit sympa pour un verre?**
   你知道一个能喝一杯的好地方吗？
   * pour un verre 去喝一杯

3) **C'est mon bar préféré!**
   这是我最爱的酒吧！

4) **Ici, ils ont des cocktails super bons!**
   这里，他们有超棒的鸡尾酒！

5) **Tu es déjà allé(e) dans un bar en France?**
   你在法国曾经去过酒吧吗？

6) **Qu'est-ce que tu bois?**
   你喝什么呢？

7) **Je prends la même chose!**
   我点同样的东西！

8) **J'aime bien l'ambiance et les gens sont sympas!**
   我很喜欢这里的气氛和亲切的人们！

9) **On porte un toast!**
   我们举杯！

10) **Je lève mon verre à notre rencontre!**
    我举杯敬我们的相遇！
    * Je lève mon verre à ～ 表示"我举杯敬～"

Partie 4 晚安，法国！

145

11) **Vous avez un cocktail maison?**
你们店有招牌鸡尾酒吗？
* 食物后加 maison（家），代表是店家的招牌餐点

12) **Qu'est-ce qu'il y a dedans?**
里面有什么？
* dedans 在～里面

13) **Comment s'appelle cet endroit?**
这个地方叫什么名字？

14) **Prenons des tapas pour grignoter!**
拿些下酒菜来吧！
* grignoter 啃，是较口语的用法，和 manger（吃）的意思一样

15) **Cette fois-ci c'est ma tournée!**
这次是我请客！

16) **On s'installe en terrasse?**
我们坐在户外座位上吗？
* s'installer 待在；坐定

17) **Est-ce que la terrasse est chauffée?**
户外座位是有暖气的吗？

18) **Il y a un concert ce soir?**
今晚有音乐会吗？

19) **Je reprends la même chose, s'il vous plaît!**
我再点一个同样的东西，麻烦您！

20) **C'était une super idée de se retrouver ici!**
在这里相聚真是个超棒的点子！

22 去酒吧尽情放松 *Prendre un verre entre amis dans un bar*

Partie **4** 晚安，法国！

语法练习 Grammaire

代词 y 的用法

代词 y 通常用来替换对话中已经出现过的"地方"，它的位置通常是放在动词之前。介词 à 及后接的地点都用 y 来代换。

例 A: Je pense aller au Musée du Louvre aujourd'hui.
　　B: Tu y es déjà allé?
　　A：我今天想去卢浮宫。
　　B：你曾去过那里吗？

表达时间的方法

要进一步清楚表达过去或未来的某段时间，可以参考下面的句型和例句。

文 过去：**il y a + temps** 有～多久
　　未来：**dans + temps** 在～多久后

例 Je suis venue en France pour la première fois il y a 5 ans.
　　离我第一次来法国已经有五年。
　　Mon train part dans une heure.
　　我的火车一小时后出发。

表达情绪的词语

正确表达自己的想法和情绪，对法国人来说相当重要。以下是常用的情绪反应表格，供大家参考。

依程度排列	高兴	不高兴
★★★★★	J'adore（我热爱）+原形动词（或+物体）	J'ai horreur（我厌恶）+ de +原形动词（或+物体）
★★★★	J'aime vraiment beaucoup（我非常喜欢）+原形动词（或+物体）	Je n'aime pas du tout（我一点都不喜欢）+原形动词（或+物体）
★★★	J'aime bien（我很喜欢）+原形动词（或+物体）	Je n'aime pas vraiment（我真的不喜欢）+原形动词（或+物体）
★★★	Ça me plaît beaucoup（这让我很高兴）+ de +原形动词（或+物体）	Ça ne me plaît pas du tout（这一点都不让我高兴）+ de +原形动词（或+物体）

117

用法国人的一天学法语

续表

依程度排列	高兴	不高兴
★★	Ça me plaît（这让我高兴）+ de + 原形动词（或 + 物体）	Ça ne me plaît pas（这不让我高兴）+ de + 原形动词（或 + 物体）
★	C'est pas mal（这蛮不错）+ de + 原形动词（或 + 物体）	Ce n'est pas vraiment bien（这真的不是很好）+ de + 原形动词（或 + 物体）

法国人的秘密花园……
Secret de France

[学法国人品酒]

法国人的"干杯"不是真的要干杯！

在法国，大家干杯之前会说：**Santé**！这个词是法语"健康"的意思。举杯祝大家健康，然后细细品尝手中的酒，这是法国人习惯的品饮方式。如果真的要干杯，则可以说 **cul sec**。不过法国人并不像中国人一样豪迈饮酒，在正常的场合很少有机会真正干杯。

大家都知道法国是世界上最有名的葡萄酒产区，它的产量丰富且品质良好，这都归功于法国得天独厚的气候及地理环境，但法国人制定的葡萄酒分级及认证制度才是法国葡萄酒闻名世界的关键！如何和法国人一样品酒享受生活？不妨从放慢自己手中的杯子开始吧！毕竟懂得喝葡萄酒是门生活艺术！

Santé！

小知识

餐点与酒结婚了？

餐点与酒的绝佳搭配，在法语中用 **Mariage**（结婚）这个单词来形容，是不是很贴切呢？

148

23 迷人的艾菲尔铁塔
La charmante Tour Eiffel

23 迷人的艾菲尔铁塔 La charmante Tour Eiffel

Partie **4** 晚安，法国！

从 1985 年开始，巴黎铁塔在入夜后的整点都有灯光秀可以欣赏。建议可在船上观赏，因为船上的视野比较广阔。

和法国人学**单词** Vocabulaire　MP3 23-01

- **Gustave Eiffel**
  [gystav efɛl]
  居斯塔夫・艾菲尔
  （艾菲尔铁塔的建筑师）

- **un symbole de la France**
  [œ̃ sɛ̃bɔl də la frɑ̃s]
  法国的象征

- **visiter la Tour**
  [vizite la tur]
  参观铁塔

- **la billetterie**
  [la bijɛtri]
  自动售票机

- **une visite guidée**
  [yn vizit gide]
  导游

- **un panorama à 360°**
  [œ̃ panɔrama a trwa sɑ̃ swasɑ̃:t dəgre]
  三百六十度的全景

- **les toits de Paris**
  [le twa də pari]
  巴黎的屋顶

- **le bar à champagne au sommet de la Tour**
  [lə bar a ʃɑ̃paɲ o sɔmɛ də la tur]
  巴黎铁塔顶端的香槟酒吧

- **la Tour Eiffel**
  [la tur efɛl]
  艾菲尔铁塔

- **l'éclairage doré**
  [leklɛraʒ dore]
  金色灯光

- **le scintillement de la Tour**
  [lə sɛ̃tijmɑ̃ də la tur]
  铁塔的灯光秀

入夜后，巴黎铁塔整点会闪烁，每次约五分钟

- **Cathédrale Notre-Dame**
[katedral nɔtrədam]
圣母院

- **Opéra Garnier**
[opera garnje]
巴黎歌剧院

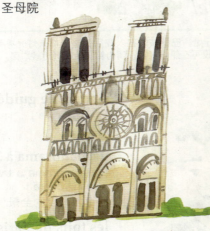

- **Hôtel de Ville**
[otɛl də vil]
市政厅

- **Place de la Bastille**
[plas də la bastij]
巴士底广场
（巴士底狱遗址）

- **les monuments alentours**
[le mɔnymã alãtur]
附近的地标

- **la Défense**
[la defãs]
拉德芳斯
（巴黎的商业区，也是新凯旋门坐落处）

- **les Champs-Elysées**
[le ʃãz-elize]
香榭丽舍大道

- **la Tour Montparnasse**
[la tur mõparnas]
蒙帕那斯大楼

- **le jardin des Tuileries**
[lə ʒardɛ̃ de tɥilr]
杜勒丽花园

- **les immeubles Haussmanniens**
[le zimœbl osmanjɛ̃]
奥斯曼式建筑

23 迷人的艾菲尔铁塔 La charmante Tour Eiffel

[**A la Tour Eiffel**
在艾菲尔铁塔]

Alice: La Tour Eiffel est si grande...
艾莉丝：艾菲尔铁塔是如此高大啊……

Jacqueline: Elle est aussi élégante. Tu sais, mon rêve c'est de pouvoir observer Paris depuis le haut de la Tour.
贾桂琳：它也是如此的优雅。你知道，我的梦想就是能从塔的顶端观看巴黎。

Alice: Ah oui ? Moi, je rêve de prendre une coupe de champagne tout en haut...
艾莉丝：真的？我呢，我梦想着在最高处喝一口香槟……

Jacqueline: Je crois qu'aujourd'hui nous allons toutes les deux réaliser notre rêve !
贾桂琳：我想今天我们两个都将实现梦想！

Alice: Oui, tout à fait ! On y va ?
艾莉丝：是的，完全正确！我们走吧？

Jacqueline: On y va !
贾桂琳：出发！

> on y va 出发；走吧！

Elles se dirigent vers l'entrée de la Tour...
她们往铁塔的入口走去……

Alice: Tu veux prendre l'escalier ?
艾莉丝：你要走楼梯吗？

Jacqueline: L'escalier? Tu plaisantes? Il y a 1665 marches! On n'arrivera jamais en haut vivantes!

贾桂琳：楼梯？你开玩笑吗？共有一千六百六十五阶耶！我们无法活着到达这么高的地方！

Alice: Tu exagères un peu. On peut monter le 1er étage à pied et puis on prend l'ascenseur pour le reste, qu'en penses-tu?

艾莉丝：你夸张了点，我们用脚登上第一层，然后剩下的搭电梯，你觉得呢？

Jacqueline: Oui, c'est une bonne idée! Allons-y!

贾桂琳：好啊，这真是个好主意！我们走吧！

Elles se dirigent vers l'escalier et commencent à monter la Tour…
她们往楼梯走去，然后开始爬上铁塔……

Alice: *(arrivant au 1er étage)* Comment tu te sens? Tu n'es pas trop fatiguée?

艾莉丝：（抵达第一层）你觉得如何呢？你不会太累吧？

Jacqueline: Non, non, ça va… mais je commence à **avoir mal aux jambes!**

贾桂琳：不会，不会，还可以……但我小腿开始不舒服了！

> avoir mal à + 身体部位，表示"～不舒服"

Alice: Ici on va pouvoir prendre un café et regarder la vue, il y a un café restaurant!

艾莉丝：我们可以在这儿喝杯咖啡并看看风景，因为这里有个咖啡餐厅！

Jacqueline: Super! J'ai bien besoin d'un café!

贾桂琳：太好了！我很需要一杯咖啡！

23) 迷人的艾菲尔铁塔 La charmante Tour Eiffel

这些句子一定要会说 Phrases pratiques à utiliser MP3 23-03

1) Je n'ai encore jamais vu la Tour Eiffel!
我从未看过艾菲尔铁塔！

2) J'ai hâte de monter la Tour Eiffel pour la vue!
我迫不及待登上艾菲尔铁塔看风景！
* avoir hâte de 迫不及待或急于~

3) Dîner en haut de la Tour Eiffel, c'est mon rêve!
在艾菲尔铁塔顶端吃晚餐，这是我的梦想！

4) A quel moment il y a moins de monde?
在哪个时候人比较少呢？

5) J'aimerais monter par les escaliers.
我想要用爬楼梯的方式往上爬。

6) Où est-ce qu'on peut acheter des tickets?
我们可以在哪边买票呢？

7) Il faut faire la queue?
必须排队吗？
* faire la queue 排队

8) Il y a combien d'attente?
要等多久呢？

9) Nous allons prendre les escaliers!
我们将要走楼梯！

10) Rendez-vous au 1er étage!
一楼见面！

Partie 4 晚安，法国！

11) Pour moi, c'est comme réaliser un rêve!
对我而言，这就如同实现梦想！

12) Quelle vue incroyable!
多么难以置信的景色啊！
* **incroyable** 不可相信的；难以置信的

13) Allons prendre une coupe de champagne au dernier étage!
我们去最后一层喝杯香槟吧！ * **prendre une coupe** 喝一杯

14) Où se trouvent les ascenseurs?
电梯在哪儿呢？

15) J'ai mal aux mollets!
我小腿肌肉酸痛！

16) On peut faire une pause?
我们能休息一下吗？
* **faire une pause** 休息

17) Vous pourriez prendre une photo de nous, s'il vous plaît?
您能帮我们拍个照片吗？麻烦您！

18) J'ai le vertige!
我头晕了！ * **avoir le vertige** 头晕

19) Je pourrais rester ici pendant des heures.
我可以在这里停留好几个小时。

20) Où se trouve la boutique de souvenirs?
纪念品商店在哪儿呢？ * **la boutique de souvenirs** 纪念品商店

23 迷人的艾菲尔铁塔 La charmante Tour Eiffel

语法练习 Grammaire

形容词的阴、阳性

法语中的形容词要随主语做阴、阳性和单、复数的变化。下面整理出常用形容词的阴、阳性和单、复数变化给大家参考。

形容词	单数阳性	复数阳性	单数阴性	复数阴性
grand（大的）	grand	grands	grande	grandes
petit（小的）	petit	petits	petite	petites
beau（美的）	beau / bel	beaux	belle	belles
léger（轻的）	léger	légers	légère	légères
long（长的）	long	longs	longue	longues
meilleur（最好的）	meilleur	meilleurs	meilleure	meilleures
naturel（自然的）	naturel	naturels	naturelle	naturelles
Français（法国的）	français	français	française	françaises
complet（完成的）	complet	complets	complète	complètes
premier（第一的）	premier	premiers	première	premières
brun（褐色的）	brun	bruns	brune	brunes
Européen（欧洲的）	européen	européens	européenne	européennes
public（公共的）	public	publics	publique	publiques
Chinois（中国的）	chinois	chinois	chinoise	chinoises
fou（疯的）	fou	fous	folle	folles

例 Elle habite dans un **bel** appartement.
她住在美丽的公寓里（bel 后接元音开头的单词）。

梦想做什么的表达句型

"梦想"对法国人来说，是很重要的一件事。你的梦想是什么呢？练习用法语表达吧！请参考下面的句型和范例。

文 句型结构：**mon rêve c'est de** + 动词
　　　　　　je rêve de + 动词 / 名词

例 A: Quel est votre rêve?
　 B: Moi, **mon rêve c'est de** vivre dans le Sud de la France pendant un an. J'adore les champs de lavandes.
　 A: 您的梦想是什么？
　 B: 我的梦想是在法国南部生活一年。我喜欢薰衣草田。

Partie 4 晚安，法国！

155

用法国人的一天学法语

表达情感的用法

法国人用 sentir（感觉）这个动词来表达情感。以下有几句实用的句型供大家参考。

例 Comment vous sentez-vous? 您觉得如何呢？
Comment te sens-tu? 你觉得如何呢？
Ça va, je me sens bien, merci. 还好，我觉得很好，谢谢。
Je ne me sens pas très bien. 我觉得很不好。

法国人的秘密花园
Secret de France

【夜游塞纳河】

如果巴黎是塞纳河的女儿，夜晚的塞纳河则是陪嫁时的母亲

塞纳河将巴黎隔成人文左岸和时尚右岸，日夜则让塞纳河呈现不同的风貌。白天可用步行或骑自行车的方式游塞纳河，晚上则建议用游船的方式。这并不是说白天的塞纳河景色不美，而是夜晚的塞纳河及巴黎夜景更加迷人！白天可细数及观看每座穿越桥的雕塑及精工，入夜后则是享受两岸的灯火阑珊。当船来到可清楚观看整座巴黎铁塔的最佳位置时，便期待整点铁塔灯光秀开始，这可是巴黎夜晚最浪漫的时刻呢！

la Seine

小知识

巴黎铁塔灯光秀：

巴黎铁塔从 1985 年开始，入夜后每个整点都有灯光秀可欣赏。建议可在船上观看，因为船上的视野较广阔。游船的时间约为一个小时，票价在 12～14 欧元，不同船家的路线及方案略有不同，大家可依自己的需求做选择。

24 结束美好的一天
Une belle fin de journée

24 结束美好的一天 Une belle fin de journée

Partie 4

晚安，法国！

每晚睡觉之前，你习惯做些什么呢？别忘了好好放松身心，缓解一天所累积的压力。

和法国人学单词 Vocabulaire MP3 24-01

- **un institut de beauté**
  [œn- ɛ̃stity də bote]
  美容中心

- **un soin du corps**
  [œ̃ swɛ̃ dy kɔ:r]
  身体保养疗程

- **un soin du visage**
  [œ̃ swɛ̃ dy vizaʒ]
  脸部保养疗程

- **un hammam**
  [œ̃ ammam]
  澡堂

- **un sauna**
  [œ̃ sona]
  桑拿

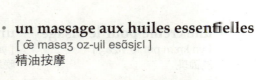

- **un massage aux huiles essentielles**
  [œ̃ masaʒ oz-ɥil esɑ̃sjɛl]
  精油按摩

- **une manucure**
  [yn manykyr]
  美甲师

- **un soin nettoyant**
  [œ̃ swɛ̃ netwajɑ̃]
  清洁疗程

- **un soin hydratant**
  [œ̃ swɛ̃ idratɑ̃]
  润肤疗程

157

- **couper les cheveux**
  [kupe le ʃəvø]
  剪发

- **faire une permanente**
  [fɛr yn pɛrmanɑ̃:t]
  烫发

- **laver les cheveux**
  [lave le ʃəvø]
  洗发

- **un salon de coiffure**
  [œ̃ salɔ̃ də kwafyr]
  美发沙龙

- **faire des étirements**
  [fɛr dez-etirmɑ̃]
  做伸展

- **s'allonger**
  [salɔ̃ʒe]
  伸长

- **se relaxer**
  [sə rəlakse]
  放松

- **des positions de yoga**
  [de pozisjɔ̃ də jɔga]
  瑜伽动作

- **un démaquillant**
  [œ̃ demakijɑ̃]
  卸妆

- **une crème pour le visage**
  [yn krɛm pur lə vizaʒ]
  洗面乳

- **une crème de nuit**
  [yn krɛm də nɥi]
  晚霜

- **prendre un bain**
  [prɑ̃dr œ̃ bɛ̃]
  泡澡

- **une crème hydratante**
  [yn krɛm idratɑ̃t]
  润肤霜

- **une crème de jour**
  [yn krɛm də ʒur]
  日霜

- **avoir sommeil**
  [avwar sɔmɛj]
  困倦、有睡意

24 结束美好的一天 Une belle fin de journée

和法国人学会话 Dialogue 🎧 MP3 24-02

[A l'institut de beauté]
在美容中心

Partie 4 — 晚安，法国！

La touriste: Bonjour, j'aimerais faire un soin de beauté.

女游客：您好，我想要做个美容疗程。

La responsable du salon: Oui, est-ce que vous connaissez déjà nos offres?

沙龙负责人员：好的，您已经知道我们提供的服务吗？

La touriste: Non...

女游客：不知道……

La responsable du salon: Alors, nous avons un soin relaxant avec Hammam et massage. Un soin pieds et mains, avec massage et pédicure. Un soin gommage avec hammam, massage et gommage de la peau et un soin découverte qui regroupe massage, hammam, manucure, pédicure et gommage. Vous avez les horaires et les tarifs ici.

沙龙负责人员：那么，我们有个附土耳其浴和按摩的放松疗程。一个手脚疗程，附有按摩和修脚甲。一个去角质凝胶疗程，附有土耳其浴、按摩和皮肤去角质。还有一个体验疗程集按摩、土耳其浴、修指甲、修脚甲和去角质于一体。这里有时间及价格。

un soin découverte 体验疗程

La touriste: D'accord. Est-ce qu'il faut prendre rendez-vous ou est-ce que vous avez de la place tout de suite?

女游客：好的。请问需要预约还是现在就有位子呢？

La responsable du salon: Normalement, on prend d'abord rendez-vous mais je vais regarder si j'ai de la place maintenant... Oui, j'ai de la place! Alors, je vous écoute, quel soin vous ferait plaisir?

沙龙负责人员：通常我们要先预约。但我去看看现在是否有位子……有的，我有些位子！那么，请说，您喜欢哪一种疗程呢？

> je vous écoute 直译是"我正在听您说"，口语上则是"请说"的意思。

La touriste: Je ne suis pas sûre, j'ai beaucoup marché aujourd'hui et je suis un peu fatiguée...

女游客：我不确定，我今天走了很多路且有些疲倦……

La responsable du salon: Dans ce cas là, je vous conseille le soin pieds et main. Un massage vous fera du bien, de plus on s'occupera de vos pieds et de vos mains.

沙龙负责人员：在这种情况下，我建议您做手脚疗程。按摩会让您感觉好些，而且我们也会细心照顾您的脚及手。

La touriste: D'accord, très bien!

女游客：好的，太棒了！

La responsable du salon: Alors, suivez moi par ici. Je vous laisse vous changer dans la cabine et notre équipe va s'occuper de vous.

沙龙负责人员：那么，您跟我往这边走。我把您留在更衣室更换衣服，我们的团队会来为您服务。

La touriste: Entendu, merci!

女游客：好的，谢谢！

24 结束美好的一天 *Une belle fin de journée*

这些句子一定要会说
Phrases pratiques à utiliser 🎧 24-03

1) **J'aimerais faire un soin !**
我想要做个疗程。

2) **Qu'est-ce que vous faites comme soin ?**
你们做的疗程是什么呢？

3) **Vous faites les gommages ?**
您要去角质吗？
  * faire les gommages 去角质

4) **Est-ce que je dois prendre rendez-vous ?**
我应该预约吗？

5) **Vous avez de la place maintenant ?**
您现在有位子吗？

6) **J'aimerais prendre rendez-vous pour deux personnes.**
我想要预约两个人。
  * prendre rendez-vous pour ～表示"替～预约"

7) **C'est très relaxant.**
这太令人放松了。

8) **Je me sens mieux maintenant, merci.**
我现在感到好多了，谢谢。

9) **Quel soin me conseillez-vous ?**
您建议我做哪一个疗程呢？

10) **Ça dure combien de temps ?**
这持续多少时间呢？
  * durer 持续；维持

Partie **4** 晚安，法国！

161

11) **Est-ce que vous avez une carte du magasin?**
您有商店的名片吗？

12) **Je n'ai plus mal aux pieds!**
我的脚不再不舒服了！
* ne...plus 不再

13) **Le massage m'a fait du bien, merci!**
按摩让我舒服，谢谢！

14) **Est-ce que vous vendez des produits cosmétiques?**
你们卖化妆品吗？

15) **J'ai un peu froid, vous auriez une couverture?**
我有点冷，你们有毯子吗？
* avoir froid 觉得冷；avoir chaud 觉得热

16) **Je pourrais vous demander un verre d'eau?**
我能向你们要杯水吗？

17) **Où est-ce que je peux me changer?**
我可以在哪里换衣服呢？

18) **Est-ce que je peux m'asseoir quelques minutes?**
我能在这里坐几分钟吗？

19) **Où est-ce que je peux vous régler?**
我能在哪里结账呢？

20) **Nous sommes très satisfaits, nous reviendrons, merci!**
我们非常满意，我们会再过来的，谢谢！

24 结束美好的一天 Une belle fin de journée

Partie 4

晚安，法国！

语法练习 Grammaire

部分冠词的用法

部分冠词用来描述一些无法得知确切数量或是无法计算的物体。相关用法请参考以下表格。

	部分冠词	例句
阳性单数	du	J'achète du pain. 我买一些面包。
阴性单数	de la	Est-ce qu'il y a de la crème fraîche dans le frigo? 冰箱内有鲜奶油吗？
元音或 h 开头的单词	de l'	Elle ajoute de l'ail dans la sauce. 她在酱汁里加了大蒜。
复数	des	J'ai acheté des haricots verts. 我买了些四季豆。

文 部分冠词在否定句时必须用 de 或 d'。

例 Je ne bois pas de café. 我不喝咖啡。（肯定句则是用 du café）
　 Elle ne mange pas de pain. 她不吃面包。（肯定句则是用 du pain）
　 Ils ne font pas de sport. 他们不做运动。（肯定句则是用 du sport）

代词 en 的用法

法语中常会使用代词来替代名词，以避免同样的名词重复出现。代词 en 是用来替换"使用部分冠词的物体"，它的位置是放在"动词之前"。

	部分冠词	例句
阳性单数	du	Julien boit du café? 朱利安喝咖啡吗？ Oui, il en boit. / Non, il n'en boit pas. 是的，他喝咖啡。/ 没有，他不喝咖啡。
阴性单数	de la	Anaïs joue de la flûte? 阿奈斯吹长笛吗？ Oui, elle en joue. / Non, elle n'en joue pas. 是的，她吹长笛。/ 不是的，她不吹长笛。
复数	des	Il y a des croissants dans la boulangerie? 面包店内有羊角面包吗？ Oui, Il y en a. / Non, il n'y en a pas. 是的，有羊角面包。/ 没有，没有羊角面包。
元音前	de l'	Voulez-vous de l'eau? 您要些水吗？ Oui, j'en veux bien, merci. / Non, je n'en veux pas, merci. 是的，我很需要，谢谢。/ 不，我不需要，谢谢。

163

表达需求的用法

想表达口渴或肚子饿等各种需求时，该怎么说呢？avoir 这个词很好用，看看以下的范例吧！

	需求	例句
avoir +	faim（饥饿）	J'ai faim; Tu as faim? 我饿了；你饿了吗？
	soif（口渴）	Elle a soif; nous avons soif. 她渴了；我们渴了。
	froid（冷）	J'ai froid! Tu n'as pas froid? 我好冷！你不冷吗？
	chaud（热）	Elle a chaud; Vous avez chaud? 她觉得热；你们热吗？
	sommeil（想睡）	J'ai sommeil; Tu n'as pas sommeil? 我想睡；你不想睡吗？
	envie de（想要）	Elle a envie de voir un film. 她想要看电影。
	besoin de（需要）	J'ai besoin de dormir un peu. 我需要睡一下。
	peur de（害怕）	J'ai peur de tomber malade. 我害怕生病。

法国人的秘密花园……
Secret de France

【法国人的睡前习惯】

没什么比睡前来杯红酒或阅读一篇文章更让人放松的啦！

前面几单元曾分别提到葡萄酒及阅读对法国人生活的重要性，在此要再次提及这两样法国人的精神食粮。法国人睡前喜欢来杯红酒放松身心。根据调查，睡前饮用少量红酒有助睡眠，而搭配起司更有减肥的效果！不过如果饮用过量也会带来反效果，建议饮用 50 cc 左右即可。

阅读已经是法国人的生活习惯，不同于网络及手机被广泛使用的北京，法国人还是习惯从书本中获得资讯及知识，因此也造就了口袋书的流行。为什么在网络发达的现代，法国人还是喜爱纸本书籍呢？除了政府保障印刷业者的政策外，他们也认为家中藏书代表的是主人的品位。如果想学法国人过生活，要先抛开网络及先进的通信设备，重新探索生活的本质。或许可以从今晚的一杯红酒和几篇文章开始！

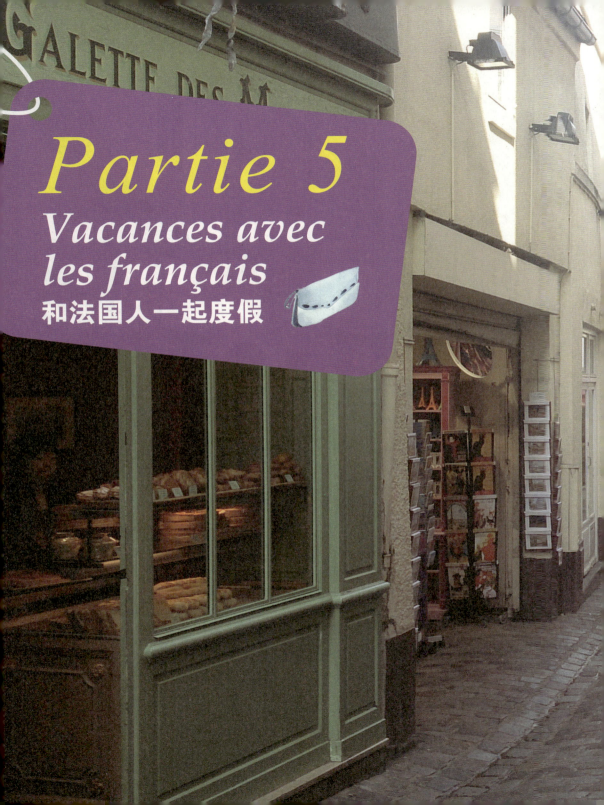

Partie 5
Vacances avec les français
和法国人一起度假

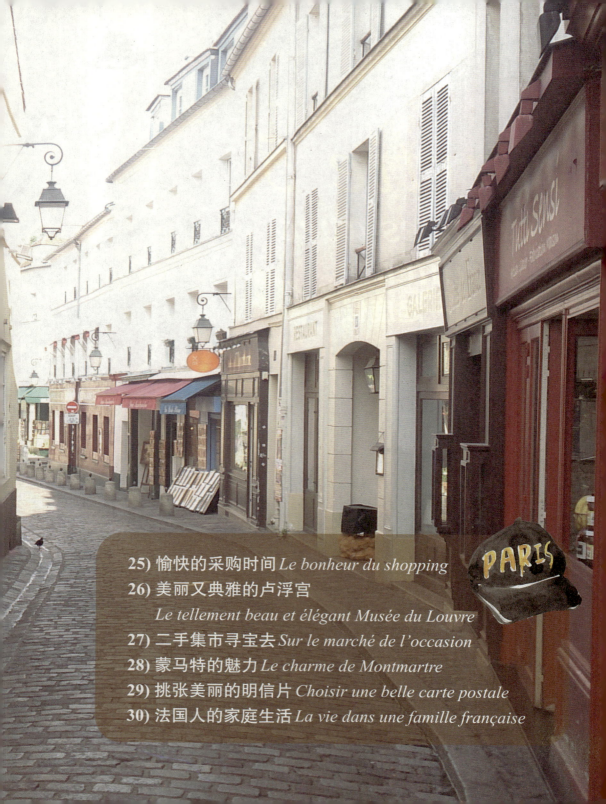

25) 愉快的采购时间 Le bonheur du shopping
26) 美丽又典雅的卢浮宫
　　Le tellement beau et élégant Musée du Louvre
27) 二手集市寻宝去 Sur le marché de l'occasion
28) 蒙马特的魅力 Le charme de Montmartre
29) 挑张美丽的明信片 Choisir une belle carte postale
30) 法国人的家庭生活 La vie dans une famille française

25 愉快的采购时间 *Le bonheur du shopping*

Partie 5 和法国人一起度假

在法国，许多百货公司都提供现场退税服务。至于不能现场退的部分，只要拿着护照找店员索取退税单填写，即可到机场的退税柜台完成退税手续。

和法国人学单词 *Vocabulaire*

MP3 25-01

- **un grand magasin**
  [œ̃ grɑ̃ magazɛ̃]
  百货公司

- **un centre commercial**
  [œ̃ sɑ̃tr kɔmɛrsjal]
  购物中心

- **une promotion**
  [yn prɔmɔsjɔ̃]
  促销

- **le prix**
  [lə pri]
  价格

- **les soldes**
  [le sɔld]
  折扣

- **faire les magasins**
  [fɛr le magazɛ̃]
  逛百货公司

- **des vêtements**
  [de vɛtmɑ̃]
  衣服

- **le prêt à porter féminin / masculin**
  [lə prɛt-a pɔrte feminɛ̃ / maskylɛ̃]
  女 / 男服装

- **faire du lèche-vitrine**
  [fɛr dy lɛʃvitrin]
  逛橱窗

- **un rayon**
  [œ̃ rɛjɔ̃]
  陈列架

167

- **une cabine d'essayage**
[yn kabin desɛjaʒ]
试衣室

- **un pull-over**
[œ̃ pylɔvər]
毛线衣

- **un porte-feuille**
[œ̃ pɔrtəfəj]
钱包

- **essayer un vêtement**
[eseje œ̃ vɛtmã]
试穿衣服

- **un sac à main**
[œ̃ sak a mɛ̃]
手提包

- **des accessoires de mode**
[dez-akseswar də mɔd]
时尚配件

- **des produits cosmétiques**
[de prɔdɥi kɔsmətik]
化妆品

- **du parfum**
[dy parfœ̃]
香水

- **du chocolat**
[dy ʃɔkɔla]
巧克力

- **la taille**
[la tɑj]
尺寸

- **la caisse**
[la kɛs]
收银机；收钱柜台

- **une pharmacie**
[yn farmasi]
药店、药房

- **des chaussures**
[de ʃosyr]
鞋

- **la pointure**
[la pwɛ̃tyr]
鞋子的尺码

- **un magasin de chaussure**
[œ̃ magazɛ̃ də ʃosyr]
鞋店

- **bleu marine**
[blø marin]
深蓝色

- **marron**
[marɔ̃]
栗色

- **vert**
[vɛr]
绿色

- **jaune**
[ʒon]
黄色

- **beige**
[bɛʒ]
米黄色

- **bleu**
[blø]
蓝色

- **violet**
[vjɔlɛ]
紫色

- **rouge**
[ruʒ]
红色

- **gris**
[gri]
灰色

- **blanc**
[blɑ̃]
白色

- **noir**
[nwar]
黑色

- **rose**
[roz]
粉红色

25) 愉快的采购时间 Le bonheur du shopping

和法国人学会话 Dialogue MP3 25-02

[Dans un grand magasin
在百货公司内]

La touriste: Bonjour, excusez-moi, j'aimerais essayer ces vêtements...
女游客：您好，不好意思，我想试穿一下这些衣服……

La vendeuse: Oui, les cabines d'essayage sont par là...
女店员：好的，试衣间往这边走……

La touriste: Merci.
女游客：谢谢。

Après avoir essayé un premier vêtement, la touriste ressort pour se regarder dans le miroir et se tourne vers la vendeuse.
试完第一件衣服后，女游客出来照镜子，然后转身走向女店员。

La vendeuse: Est-ce que vous voulez essayer une taille en dessous? Je crois que c'est un peu large.
女店员：您要试小一号的尺寸吗？我觉得这件有点大。

une taille en dessous 小一号尺寸

Partie 5 和法国人一起度假

169

La touriste: Oui, pourquoi pas.

女游客：好，为何不呢？

La vendeuse: C'est beaucoup mieux! Comment vous vous sentez dedans?

女店员：这好多了！您现在觉得里面如何？

La touriste: Ça va, je me sens un peu serrée mais je pense que cette taille me va mieux.

女游客：还好，我觉得有点紧，但我觉得这个尺寸较适合我。

La vendeuse: Essayez les chaussures avec!

女店员：配这双鞋子试试看！

La touriste: Bonne idée! Est-ce que vous auriez une pointure un peu plus grande? Normalement, je fais du 40 mais c'est toujours trop petit.

女游客：好主意！你们有再大一些尺寸的吗？通常我穿四十号，但这双总是太小。

La vendeuse: Je vous apporte du 41 tout de suite, **ne bougez pas!** *(Elle revient quelques instants plus tard avec une paire de chaussures)* Et voilà, essayez-les!

女店员：我马上拿四十一号给您，别走开！（片刻后她带着一双鞋回来）这双，试试它们！

ne bougez pas 您不要动（法国口语常用的命令句）

La touriste: Merci! C'est la bonne pointure, merci! Alors, est-ce que ça va ensemble?

女游客：谢谢！这是最棒的尺寸，谢谢！那么它们在一起搭配吗？

La vendeuse: Les chaussures et la robe vont très bien ensemble, vous les avez bien choisi!

女店员：鞋子和连衣裙非常搭配，您选得非常好！

La touriste: Parfait! Je prends le tout!

女游客：完美！我全都要了！

25) 愉快的采购时间 Le bonheur du shopping

1) **Excusez-moi, à quel étage se trouvent les vêtements pour femme?**
   打扰一下，在哪一层楼能找到女性服装呢？
   * "à quel étage se trouve + 定冠词 + 产品名"表示"在哪层楼能找到～（产品）"

2) **Est-ce que je pourrais essayer ces vêtements?**
   我能试穿这些衣服吗？

3) **Où sont les cabines d'essayage?**
   试衣间在哪儿呢？　* une cabine d'essayage 试衣间

4) **Vous avez le même en rouge?**
   你们有同款式红色的吗？
   * "vous avez le même en + 颜色 ?"表示"你们有同款式 +～（颜色）的吗？"

5) **J'aime bien la matière / la coupe / la couleur / le style.**
   我很喜欢这材料 / 裁切 / 颜色 / 风格。

6) **Est-ce que ça me va?**
   这适合我吗？

   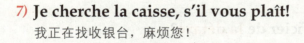

7) **Je cherche la caisse, s'il vous plaît!**
   我正在找收银台，麻烦您！

   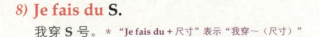

8) **Je fais du S.**
   我穿 S 号。　* "Je fais du + 尺寸"表示"我穿～（尺寸）"

9) **Je me sens bien dedans.**
   我觉得里面很舒服。

10) **Je pense que la taille est un peu juste.**
    我觉得这尺寸正好。

Partie 5 和法国人一起度假

11) Je peux essayer la taille au dessous?
我能否试试小一号呢？
* 相反词是 au dessus（大一号）

12) J'aime beaucoup les chaussures en vitrine.
我很喜欢橱窗上的鞋子。
* "J'aime beaucoup + 定冠词 + 产品 + en vitrine." 表示"我很喜欢橱窗上的～（产品）"

13) Je préfère le / la précédent(e).
我较喜爱前一个。
* précédent 前一个的

14) Est-ce que ça va bien ensemble?
这个很搭配吗？

15) Je peux vous demander un conseil?
我能请您给个建议吗？

16) Je cherche un cadeau original pour ma famille.
我正在找一个原创的礼物给我的家人。

17) Qu'est-ce que vous avez comme accessoire de mode?
你们有像时尚饰品的东西吗？

18) Comment bénéficier de la détaxe?
如何享有退税呢？
* la détaxe 退税

19) Pourriez-vous me donner une facture?
您能给我发票吗？

20) Est-ce qu'il y a une garantie?
这有保障吗？
* une garantie 保障

25 愉快的采购时间 Le bonheur du shopping

语法练习 Grammaire

尺寸的表达方式

在法国买衣服或鞋子时，店员可能会问你需要什么尺寸。问句与答句的句型如下，请记下来，下次去百货公司便能派上用场了。

文 **Quelle est votre taille?**（询问衣服尺寸）
你穿什么尺寸的衣服？
Quelle est votre pointure?（询问鞋子尺寸）
你穿什么尺寸的鞋子？
je fais du + taille / pointure
我穿～号的衣服 / 鞋子

例 A: Quelle est votre taille?
　　B: Je fais du 38!
　　A: 你穿什么尺寸的衣服？
　　B: 我穿三十八号！

鞋子尺寸参考范例：

Pointure pour hommes 男生鞋子的尺寸									
FR	38	39	40	41	42	43	44	45	46
US		6	7	8	8.5	9.5	10	11	11.5

Pointure pour femmes 女生鞋子的尺寸									
FR	35	36	37	38	39	40	41	42	43
US	4	5	5.5	6.5	7.5	8	9	9.5	10.5

百货公司内实用的问句

在法国的百货公司里，别忘了先对店员说"Bonjour!"，否则你很容易看到店员的脸色。接着，再使用下面的例句提出询问。

1. 询问店员的看法：

例 Est-ce que ça me va? 这适合我吗？
　 Est-ce que ça va ensemble? 这个搭配吗？
　 D'après vous, je devrais choisir lequel? 根据您的看法，我应该选哪一个？

2. 询问其他问题：

例 Auriez-vous le même dans une autre taille / pointure / couleur?
你们有和这件同样尺寸（衣服）/ 尺寸（鞋子）/ 颜色的吗？

Partie 5 和法国人一起度假

Auriez-vous quelque chose dans le même style / genre?
你们有同样风格/种类的东西吗？
Auriez-vous quelque chose dans la même matière?
你们有同样材质的东西吗？

表达喜好的例句

试穿衣服或鞋子之后，如果想表达自己对商品的喜好程度，可以记住以下几种说法。

例 **J'aime beaucoup**! 我非常喜欢！
　　Je préfère le précédent! 我较爱之前那个！
　　Je pense que ce n'est pas mon style. 我想这不是我的风格。

法国人的秘密花园……
Secret de France

【购物如何退税】

直接在百货公司退税吧！

　　从前大家通常都是去机场退税，而现在愈来愈多的法国百货及商店都提供现场退税的服务。不过，要注意的是，每家商店及不同商品可退税的比例及门槛都不太一样，例如 Lafayette（拉法叶百货）必须至少购买 175 欧元才能退税。如有金额不足的状况，也可和同行友人一起结账，凑到可退税的门槛。

　　至于不能现场退税的部分，那么就请买完物品记得拿着你的护照找店员索取退税单填写，然后再拿退税单到机场的退税柜台排队完成退税手续。不管在哪里都可以选择直接退现金或是退款至信用卡里；但退现金会加上手续费，而退至信用卡则要等两到三个月才会收到。要选哪种方式，就看自己的选择啰！

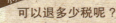
可以退多少税呢？
在法国购买商品一般可以退 10% ~ 15% 的税。

26 美丽又典雅的卢浮宫 Le tellement beau et élégant Musée du Louvre

26 美丽又典雅的卢浮宫
Le tellement beau et élégant Musée du Louvre

Partie
5
和法国人一起度假

和法国人学**单词**
Vocabulaire

🎧 MP3 26-01

卢浮宫内有超过 35 000 种艺术作品，一定会让你大开眼界。每个月的第一个星期日，卢浮宫都可以免费参观！

- **le Louvre**
  [lə luvr]
  卢浮宫

- **visiter le Louvre**
  [vizite lə luvr]
  参访卢浮宫

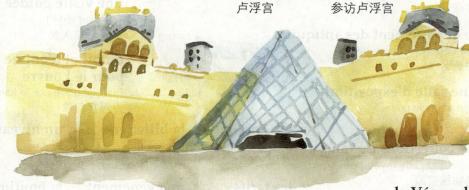

- **le portrait de Mona Lisa**
  [lə pɔrtrɛ də mɔna liza]
  蒙娜丽莎的肖像

- **la sculpture**
  [la skyltyr]
  雕像

- **la Vénus de Milo**
  [la venys də milo]
  断臂维纳斯或米洛的维纳斯

- **la peinture**
  [la pɛ̃tyr]
  画作

- **le département des peintures**
  [lə departəmã de pɛ̃tyr]
  画作区

- **le département des sculptures**
  [lə departəmã də skyltyr]
  雕像区

- **les parcours à imprimer**
  [le parkur a ɛ̃prime]
  可打印的行程

- **plan du musée**
  [plã dy myze]
  博物馆地图

- **parcours thématiques**
  [parkur tematik]
  通行路线

175

用法国人的一天学法语

- **les antiquités**
  [lez-ãtikite]
  古董

- **une exposition**
  [yn-ɛkspozisjɔ̃]
  展览

- **une collection**
  [yn kɔlɛksjɔ̃]
  收藏

- **le département des antiquités**
  [lə departəmã dez-ãtikite]
  古董区

- **une salle d'exposition**
  [yn sal dɛkspozisjɔ̃]
  展览室

- **les collections du musée**
  [le kɔlɛksjɔ̃ dy myze]
  博物馆馆藏

- **les objets d'arts**
  [lez-ɔbʒɛ dar]
  艺术品

- **le peintre Eugène De La Croix**
  [lə pɛtr øʒɛn dəlakrwa]
  德拉克洛瓦的画作

- **un audio-guide**
  [œ̃n-odjogid]
  语音导览

- **une visite guidée**
  [yn vizit gide]
  参观导览人员

- **un billet d'entrée pour le Louvre**
  [œ̃ bijɛ dãtre pur lə luvr]
  卢浮宫门票

- **les horaires**
  [lez-orɛr]
  时段

- **les tarifs**
  [le tarif]
  价位

- **acheter un billet / un ticket**
  [aʃte ɛ̃ bijɛ / ɛ̃ tikɛ]
  买票

- **la billetterie**
  [la bijɛtri]
  售票处

- **un événement**
  [œ̃n-evenmã]
  活动

- **un niveau**
  [ɛ̃ nivo]
  阶层

- **la boutique**
  [la butik]
  小商店

- **informations pratiques**
  [ɛ̃formasjɔ̃ pratik]
  实用资讯

▲ 德拉克洛瓦最著名的画作。

▲ 奥赛美术馆。

26 美丽又典雅的卢浮宫 Le tellement beau et élégant Musée du Louvre

[A côté de la pyramide du Louvre
在卢浮宫金字塔旁]

La touriste: Excusez-moi Monsieur, je cherche le Musée d'Orsay...
女游客：不好意思，先生，我正在找奥赛美术馆……

Le passant: Le Musée d'Orsay? Vous voyez ce bâtiment là-bas?
路人：奥赛美术馆？您看到那边的建筑物了吗？

La touriste: Oui...
女游客：看到了……

Le passant: C'est le Musée d'Orsay. Vous devez juste traverser le pont et vous y êtes!
路人：那就是奥赛美术馆。您只要越过桥就到了！

La touriste: Super, merci beaucoup!
女游客：太棒了，非常感谢！

Le passant: Je vous en prie. Et le Louvre, vous y êtes déjà allée?
路人：不客气。而卢浮宫呢，您已经去过了吗？

La touriste: Oui, je viens d'y aller. C'était très impressionnant.
女游客：是的，我刚去过。真是令人印象深刻。

Le passant: Vous avez vu la Joconde?

路人：您看到蒙娜丽莎了吗？

La touriste: Oui, je l'ai vue! Elle est plus petite que ce que je pensais...mais elle a un beau sourire. Moi, ce que j'ai le plus apprécié ce sont les antiquités Égyptiennes, surtout les momies!

女游客：有的，我看到了。她比我想象中还要小……但她有美丽的微笑。我最喜爱的是古埃及区，尤其是木乃伊！

Le passant: Oui, c'est impressionnant n'est-ce pas! Avez-vous vu des tableaux de peintres français comme De La Croix?

路人：是啊，这真令人印象深刻，不是吗！您看过一些如法国画家德拉克洛瓦的画作吗？

La touriste: Je ne suis pas sûre, il y avait tellement de tableaux...

女游客：我不确定，有如此多的画作……

Le passant: La prochaine fois, je vous conseille de prendre votre temps dans une section pour bien explorer et apprécier les œuvres qui y sont exposées.

路人：下次，我建议您花时间在一个区域里，好好探索和欣赏展出的作品。

La touriste: Merci de votre conseil. Je vais au Musée d'Orsay maintenant.

女游客：谢谢您的建议。我现在要去奥赛美术馆了。

Le passant: Bonne visite!

路人：祝您逛得愉快！

26 美丽又典雅的卢浮宫 Le tellement beau et élégant Musée du Louvre

这些句子一定要会说
Phrases pratiques à utiliser

MP3 26-03

Partie 5 和法国人一起度假

1) **Y a-t-il une exposition temporaire intéressante en ce moment?**
这段时间有什么有趣的临时性展览呢？
* temporaire 暂时的；临时性的

2) **J'ai peu de temps, quel musée me recommandez-vous?**
我没什么时间，您推荐我去哪一个博物馆呢？

3) **J'ai beaucoup aimé cette exposition.**
我很喜欢这个展览。

4) **La pièce que je préfère dans ce musée c'est le portrait de Louis XIV.**
在这个博物馆内我最喜欢的一件作品就是路易十四的雕像。

5) **Combien coûte l'entrée?**
进去要多少钱呢？
* "Combien coûte...?" 表示 "～多少钱？"

6) **L'entrée est gratuite quel jour?**
哪一天进去免费呢？ * gratuit 免费的

7) **Il faut payer un supplément pour l'exposition temporaire?**
暂时性的展览要额外付费吗？
* un supplément 额外部分；补充

8) **C'est mon artiste préféré(e).**
这是我最喜欢的艺术家。

9) **Je préfère l'art contemporain.**
我最爱现代艺术。

179

10) Quelle est la dernière expo que tu as vue?
您最近看的展览是哪一个？
　　＊ expo 是 exposition（展览）的缩写

11) Est-ce qu'il y a un audio-guide en chinois?
有汉语语音导览吗？

12) Y a-t-il des visites guidées?
有参观导览人员吗？

13) Ces œuvres sont impressionnantes!
这些作品令人印象深刻！

14) Pourriez-vous nous parler de cette œuvre?
您能给我讲解这个作品吗？

15) J'adore le Musée d'Orsay.
我喜爱奥赛美术馆。

16) Est-ce qu'il y a souvent la queue?
这里常常排长龙吗？　＊ la queue 队伍

17) C'est mieux d'y aller vers quelle heure?
最好去几个小时呢？

18) Ça ne me dérange pas d'attendre.
我等待一下没关系。
　　＊ déranger 打扰；妨碍

19) J'y suis déjà allé!
我已经去过了！

20) C'est difficile de savoir ce que l'artiste veut dire.
很难知道艺术家想表达什么。

26 美丽又典雅的卢浮宫 Le tellement beau et élégant Musée du Louvre

语法练习 Grammaire

宾语代词

宾语代词用来代替句子中的人或物体，其中又可分为"直接宾语代词"：me、te、le / la、nous、vous、les；"间接宾语代词"：me、te、lui、nous、vous、leur（间接宾语代词通常代替动词后 à 接的人或物）。

宾语代词在句中的顺序位置可对照下表：

主语 +	宾语代词					+ 动词
	me	le (l')	lui	y	en	
	te	la (l')				
	nous	les	leur			
	vous					
	se					

例
A: Est-ce que tu connais **le Louvre**? 你知道卢浮宫吗？
B: Oui, je **le** connais. 我知道它。
A: Est-ce que tu es déjà allé **au Musée Carnavalet**?
你去过卡那瓦雷博物馆吗？
B: Oui, j'**y** suis déjà allé. 是的，我已经去过那里了。
A: Tu as **un billet** pour l'entrée? 你有票吗？可以进去吗？
B: Non, je n'**en** ai pas! 没有，我没有票！
A: Tu n'as pas donné **de billet à Pierre**? 你没把票给皮耶？
B: Non, j'ai oublié de lui en donner un. 没有，我忘了给他一张。

表达欣赏及喜爱的方法

参观博物馆或美术馆时，看到令人赞叹的作品，该如何表达呢？一起来学习表达"赞叹"及"喜爱"的句型吧！

文 **Moi, ce que j'ai apprécié le plus c'est / ce sont** + 定冠词 + 物体
我呢，我最喜爱的是～

例 **Moi, ce que j'ai apprécié le plus c'est** le tableau de De La Croix "la liberté guidant le peuple.
我呢，我最喜爱的画作是德拉克洛瓦的《自由引导人民》。

文 **Ce que j'ai aimé c'est / ce sont** + 定冠词 + 物体
我喜爱的是～

例 **Ce que j'ai aimé ce sont** les arts égyptiens dans le département des antiquités. 我喜爱的是在古董区的埃及艺术品。

Partie 5 和法国人一起度假

指示形容词

我们可用指示形容词来指出特定的人或物体。请参考以下的表格和范例。

指示形容词	用法
ce（这）	用在阳性的人或物体上
cette（这）	用在阴性的人或物体上
cet（这）	用在元音开头的人或物体上
ces（这）	用在所有复数的人或物体上

例 J'aime ce tableau! 我喜欢这幅画。
Je connais cette dame. 我认识这位女士。

法国人的秘密花园
Secret de France

[卢浮宫必看的三件艺术品]

蒙娜丽莎的微笑、胜利女神像、维纳斯女神像

光是卢浮宫内就有超过 35 000 种艺术作品，这还不包括不定期的展览！若是慢慢地搭配导览，仔细参观的话，真的是如同会话中所描述的，需要花六个月左右才能看完。对于时间有限的游客来说，就得挑重点跳跃式浏览了。

达·芬奇的蒙娜丽莎一直是卢浮宫的镇宫之宝，该展区也一直是游客最多的地方。相传不管站在哪个角度，都可以看到蒙娜丽莎对着你微笑，所以大家都试着在不同的位置，寻找看不出蒙娜丽莎微笑的地方呢！至于 La Victoire de Samothrace（胜利女神像）及 La Venus de Milo（维纳斯女神像），参观的人相对比较少，想和雕像合影也比较容易！如果你只有一两个小时可以参访卢浮宫，记得一定要看这三样作品！

小知识

卢浮宫内可以拍照吗？

卢浮宫内可以照相，但禁止使用闪光灯。每月的第一个星期日开放可以免费参观，大家可善加利用！

27 二手集市寻宝去
Sur le marché de l'occasion

Partie 5 和法国人一起度假

如果你喜欢逛集市，玛黑区的红孩儿集市就是个寻宝好去处。在1982年，红孩儿集市就被列为法国的文化遗产之一。

和法国人学单词 Vocabulaire

MP3 27-01

- **le marché aux puces = une brocante**
  [lə marʃe o pys] = [yn brɔkɑ̃:t]
  跳蚤市场

- **faire les puces = chiner**
  [fɛr le pys] = [ʃine]
  二手买卖

- **un stand**
  [œ̃-stɑ̃d]
  摊子

- **marchander = négocier un prix**
  [marʃɑ̃de] = [negɔsje œ̃ pri]
  议价

- **un brocanteur**
  [œ̃ brɔkɑ̃tœr]
  古董商或二手买卖商

- **dénicher une bonne affaire**
  [deniʃe yn bɔn-afɛr]
  寻找一个好的买卖

- **avoir un coup de cœur**
  [avwar œ̃ ku də kœr]
  对某件事物或人心动或热情

- **avoir la passion des belles choses**
  [avwar la pasjɔ̃ de bɛl ʃoz]
  热爱美丽的事物

- **un vase en porcelaine**
  [œ̃ vaz ɑ̃ pɔrsəlɛn]
  瓷瓶

- **la faïence**
  [la fajɑ̃:s]
  陶器

- **un antiquaire**
  [œ̃n-ɑ̃tikɛr]
  古董商

- **le déballage**
  [lə debalaʒ]
  准备摆摊

- **l'ouverture du marché**
  [luvɛrtyr dy marʃe]
  开市

- **un artisan**
  [œ̃n-artizɑ̃]
  艺术工匠

- **une trouvaille**
  [yn truvaj]
  新发现

- **les arts de la table**
  [lez-ar də la tabl]
  餐桌艺术

- **le mobilier**
  [lə mɔbilje]
  家具

183

- **les instruments**
  [lez-ɛstrymɑ̃]
  乐器；工具

- **un miroir**
  [œ̃ mirwar]
  镜子

- **des bibelots**
  [de biblo]
  饰品

- **un moulin à café**
  [œ̃ mulɛ̃ a kafe]
  咖啡研磨机（手磨）

- **des fripes**
  [de frip]
  二手衣物

- **le linge**
  [lə lɛ̃ʒ]
  棉麻布制品

- **des livres anciens**
  [de livr ɑ̃sjɛ̃]
  古书

- **la joaillerie**
  [la ʒɔajri]
  珠宝工艺

- **l'art tribal**
  [lar tribal]
  部落艺术

- **des sculptures en bronze**
  [de skyltyr ɑ̃ brɔ̃:z]
  铜像

- **collectionner**
  [kɔlɛksjɔne]
  收集

27 二手集市寻宝去 *Sur le marché de l'occasion*

Partie 5

和法国人一起度假

和法国人学会话 Dialogue 27-02

[**Sur le marché aux puces**
在跳蚤市场上]

Sur le marché aux puces, une touriste regarde les étals sur lesquels différents objets sont exposés. Elle s'arrête devant un étal d'objets anciens.
在跳蚤市场上，一位女游客逛着不同物品陈列的货摊。然后她停在一个旧古董货摊前。

La touriste: **Bonjour, monsieur.**
女游客：您好，先生。

Le vendeur: **Bonjour, mademoiselle.**
男店员：您好，小姐。

La touriste: **Vous avez de beaux objets, dites-moi!**
女游客：您这里有很多美丽的东西，对吧！

Le vendeur: **Merci, je vous en prie prenez le temps de regarder.**
男店员：谢谢，您先慢慢观看。

La touriste: **Merci. Excusez-moi, qu'est ce que c'est?**
女游客：谢谢。打扰一下，这是什么？

185

Le vendeur: Ça, c'est une vieille lampe à pétrole.

男店员：这个，这是一个老旧的油灯。

La touriste: De quoi est-elle faite?

女游客：它是用什么做的呢？

Le vendeur: Le réservoir est en cuivre, c'est une belle décoration.

男店员：容器是用铜做的，是个美丽的装饰。

La touriste: Ah oui, je vois. Et de quand date-t-elle?

女游客：啊，是的，我知道了。它可追溯至何时呢？

> dater de 追溯至～；开始自～

Le vendeur: Elle date des années '20.

男店员：它可追溯到 20 世纪 20 年代。

La touriste: Et d'où vient-elle, vous savez?

女游客：你知道它是怎么来的吗？

Le vendeur: Oui, je l'ai trouvé dans un petit village du le Sud Ouest de la France. Quelqu'un se débarrassait de vieux objets.

男店员：我知道，我在法国西南一个小村庄找到它。某人在清理他的旧物品。

La touriste: Vous la faites à combien?

女游客：您卖多少钱呢？

Le vendeur: Celle-ci est à 60 euros. Vous en avez une autre par ici également, elle est à 30 euros.

男店员：这个是六十欧元。您看这有个一样的，它是三十欧元。

La touriste: Faites-les moi à 80 euros les deux et je vous les prends toutes!

女游客：算我两个八十欧元，我就两个都买。

Le vendeur: C'est parti!

男店员：好的！

27 二手集市寻宝去 *Sur le marché de l'occasion*

Partie 5 和法国人一起度假

这些句子一定要会说
Phrases pratiques à utiliser

 27-03

1) **Vous avez une très belle collection!**
您有非常漂亮的收藏！

2) **De quand datent ces objets?**
这些物品追溯至何时呢？

3) **C'est très intéressant, vous pouvez m'en dire plus sur cet objet?**
这非常有趣，您能和我多说些有关这物品的故事吗？

4) **Je cherche des objets pour offrir.**
我正在找些东西送人。

5) **Avez-vous de vieux bijoux?**
你们有些古老的珠宝吗？

6) **Je crois que j'ai un coup de cœur pour celui-ci / celle-là !**
我觉得我对这个 / 那个很喜爱！
* avoir un coup de cœur 对～喜爱

7) **Pourriez-vous me faire un prix?**
您能给我便宜些吗？

8) **D'où vient-il / elle, vous savez?**
您知道它是从哪里来的吗？

9) **Il / elle est fait(e) en quoi?**
它是用什么做的呢？

10) **C'est quelle matière?**
这是哪一种材质？

11) J'adore le toucher.
我喜欢这个触感。
* le toucher 在此当名词，是触感的意思

12) Avez-vous une carte?
您有名片吗？

13) Voici ma carte, restons en contact.
这是我的名片，我们保持联络。
* rester en contact 保持联络

14) Je peux vous retrouver au même endroit la semaine prochaine? 我下星期能在同一个地方找到您吗？

15) Vous pouvez me le / la / les mettre de côté pendant que je vais retirer de l'argent?
在我去取钱的期间您能为我把它/它们放在一边吗？
* retirer de l'argent 提钱

16) Vous pouvez me le / la / les emballer séparément / ensemble?
你能将我这个（阳性）/这个（阴性）/这些（复数）包在一起/分开包吗？
* emballer 打包

17) Avez-vous des objets en métaux précieux ?
你们有用珍贵金属制作的物件吗？

18) Est-ce que vous en avez d'autres comme ça?
您有其他类似这个的吗？

19) Allez-vous en avoir d'autres bientôt?
您很快就会有其他的东西吗？ * bientôt 不久；短时间内

20) J'aimerais vous en commander, c'est possible?
我想向您订购这些，可以吗？

27 二手集市寻宝去 Sur le marché de l'occasion

和摊贩展开对话的小技巧

在法国逛跳蚤市场时，如何和摊贩展开对话呢？对法国人来说，最重要的还是"打招呼"。用法语和他们打招呼，可以增加给对方的好感，对接下来的议价也有帮助。以下三个简单的问题一定要学会，很好用！

例 **Bonjour, comment allez vous?**
您好，您近来好吗？
Montrez-moi un peu ce que vous avez d'intéressant?
你们有什么有趣的能给我看吗？
Qu'est ce que vous me recommandez?
您推荐我看什么呢？

询问物品的资讯

和店员或老板开启对话后，接着就是要询问物品的资讯。以下列出几句很实用的句子供大家参考。

例 **D'où vient-il / elle?** （问物品来源）
它是从哪里来的呢？
De quoi est-il / elle fait? （问物品材质）
它是用什么做的呢？
De quand date-il / elle? （问物品年代）
它起源于何时呢？
A combien vous le / la faites? （问价格）
它多少钱呢？

议价常用句型

在法国的跳蚤市场可以杀价吗？当然可以啰！把下面这几个句型学会，一定能派上用场！

例 **C'est possible de faire une petite réduction?**
有可能给点小折扣吗？
Vous me faites un prix?
您能给我优惠吗？
Je vous en donne + 价钱 + pour les deux, ça vous va?
我这两个东西算您～元，您觉得行吗？
Faites-les moi à + 价钱 + et je les prends tous!
你算我～元，我就全都买！

189

法国人的秘密花园……
Secret de France

【红孩儿集市】

寻宝的好去处，玛黑区的红孩儿集市

红孩儿集市是玛黑区的重点观光区域，喜欢挖掘特殊物品的你，千万不能错过！要到红孩儿集市挖宝，可以搭乘地铁八号线到 **Filles du Calvaire** 站下车，步行五六分钟即可抵达。早在 1982 年，红孩儿集市就被列为法国的历史文化遗产之一！这里除了有很多特殊物品可以挑选外，还有各式各样的异国美食，让你大快朵颐！

小知识

红孩儿集市的前身：

因为红孩儿集市的前身是家孤儿院，在变更为集市后，玛黑区的市民为纪念这些身穿红衣领取补助金的孩童们，将集市命名为 **Le Marché des Enfants Rouges**（红孩儿集市）。当地人又称它为 **Le Petit Marché du Marais**（玛黑区的小集市）。建议大家可搭配前面第 14 单元中玛黑左岸区的介绍来趟深度的玛黑区之旅！

28 蒙马特的魅力 Le charme de Montmartre

> 蒙马特山区一直是巴黎的热门景点，山下有电影《艾蜜莉的异想世界》中的咖啡厅，山上有圣心堂、画家村，还能俯瞰一整片的巴黎风景。

和法国人学单词 Vocabulaire 28-01

- **la Butte Montmartre**
  [la byt mɔ̃tmartr]
  蒙马特山丘

- **une ambiance de village**
  [yn-ãbjãs də vilaʒ]
  村庄的气氛

- **une vue panoramique**
  [yn vy panɔramik]
  全景

- **pittoresque**
  [pitɔrɛsk]
  风景如画的

- **le buste de Dalida**
  [lə byst də dalida]
  法国著名歌手黛莉达的雕像

- **la basilique du Sacré Cœur**
  [la bazilik dy sakre kœr]
  圣心堂

- **le funiculaire**
  [lə fynikylɛr]
  缆车

- **un vitrail / des vitraux**
  [œ̃ vitraj] / [de vitro]
  彩绘玻璃（单／复数）

- **les cabarets**
  [le kabarɛ]
  有歌舞表演的酒吧

> "Chat Noir（黑猫）"及"Lapin agile（狡兔）"都是蒙马特著名的酒吧。十九世纪以前艺术家常聚集在此，因为这种类型的酒吧除了喝酒之外还有歌舞表演可以欣赏。可惜的是，现在都变成普通的酒吧了。

191

- **une galerie d'art**
  [yn galri dar]
  艺术画廊

- **un magasin de tissus**
  [œ̃ magazɛ̃ də tisy]
  织品商店

- **un écrivain**
  [œ̃n-ekrivɛ̃]
  作家

- **une fresque**
  [yn frɛsk]
  壁画

- **un poète**
  [œ̃ pɔɛt]
  诗人

- **une façade colorée**
  [yn fasad kɔlɔre]
  彩绘墙面

- **un portraitiste**
  [œ̃ pɔrtrɛtist]
  肖像画家

- **un peintre**
  [œ̃ pɛ̃tr]
  画家

- **Dali**
  [dali]
  达利（艺术家）

- **l'atelier de Picasso**
  [latəlje də pikaso]
  毕加索的工作室

- **prendre à droite / à gauche**
  [prɑ̃dr a drwat / a goʃ]
  右转 / 左转

- **remonter la rue**
  [rəmɔ̃te la ry]
  爬上这条路

- **continuer la rue**
  [kɔ̃tinɥe la ry]
  沿这条路一直走

- **aller tout droit**
  [ale tu drwa]
  直走

- **tourner**
  [turne]
  转向

- **prendre la rue**
  [prɑ̃dr la ry]
  走这条路

- **descendre la rue**
  [desɑ̃dr la ry]
  从这条路下去

- **les vignes de Montmartre**
  [le viɲ də mɔ̃martr]
  蒙马特的葡萄园区

- **le cimetière de Montmartre**
  [lə simtjɛr də mɔ̃martr]
  蒙马特的公墓

28 蒙马特的魅力 Le charme de Montmartre

和法国人学会话 Dialogue MP3 28-02

Partie **5** 和法国人一起度假

[**A Montmartre**
在蒙马特]

Alice arrive en bas des escaliers qui montent jusqu'au Sacré Coeur, il fait beau et la basilique est illuminée par le soleil, elle commence à monter les escaliers, fait quelques pauses et arrive finalement tout en haut.
艾莉丝抵达圣心堂的阶梯底部，天气晴朗，教堂被太阳照得闪闪发光，她开始向上爬楼梯，经过几次休息后，终于抵达顶端。

Alice: Mon dieu, la vue est impressionnante!
艾莉丝：我的天啊！景色太令人印象深刻了！

Alice prend le temps de regarder la vue à 180°C de Paris. Près d'elle, un guide touristique présente Montmartre à son groupe.
艾莉丝慢慢观看巴黎一百八十度的景色。在她旁边，一位导游正在向团员介绍蒙马特。

> prendre le temps 慢慢来；不急地

Le guide : Nous allons maintenant nous diriger vers le village de Montmartre et plus précisément vers le carré aux artistes, la Place du Tertre, qui était autrefois, le centre du village de Montmartre.

导游：我们现在前往蒙马特村庄，更确切地说是前往艺术家的广场、小丘广场，它以前曾是蒙马特村庄的中心。

> autrefois 从前

193

Le groupe se dirige vers la Place carrée et Alice décide de les suivre pour écouter le guide...
团体往方形广场走去，艾莉丝决定跟着他们听导览内容……

Un touriste du groupe: Pouvez-vous nous expliquer pourquoi cette place est connue?
团体中的游客：您能给我们解释一下这地方为什么有名吗？

Le guide: Sur la place, vous trouverez beaucoup d'artistes installés avec leurs chevalets, certains pourront vous dessiner vos portraits, d'autres sont là pour vendre leurs oeuvres. C'est le rendez-vous des artistes et des collectionneurs d'art!
导游：在这个广场上，你们能找到非常多带着画架进驻的艺术家，有些可以为你们画肖像，其他则是为了贩售他们的作品。这是艺术家和艺术收藏者约会的地方！

Alice s'éloigne un peu du groupe pour se rapprocher des portraitistes... un d'eux lui adresse la parole.
艾莉丝稍离团体远些，为了更靠近画家们……其中一个画家同她说话。

Le portaitiste: Mademoiselle, je vous fais votre portrait?
画家：小姐，我帮您画张画？

Alice: Oui, pourquoi pas!
艾莉丝：好啊，为何不呢！

28) 蒙马特的魅力 Le charme de Montmartre

这些句子一定要会说 Phrases pratiques à utiliser 🎧 28-03

1) **Je cherche le funiculaire, c'est dans quelle direction?**
我正在找缆车，在哪个方向呢？
* 也可以搭缆车登上圣心堂，不一定要爬楼梯！

2) **Pour aller au Sacré Cœur, s'il vous plait.**
要去圣心堂，麻烦您。

3) **Où se trouve le café d'Amélie Poulain?**
《艾蜜莉的异想世界》电影中的咖啡厅在哪儿呢？

4) **J'aime beaucoup ce quartier, il a du charme!**
我很喜欢这个街区，它有股魅力！

5) **Vous habitez dans le quartier?**
您住在这个街区吗？

6) **J'aimerais beaucoup habiter ici.**
我很想住在这里。

7) **Vous connaissez un bon restaurant dans le coin?**
您知道在这里有什么不错的餐厅吗？

8) **C'est sans doute la meilleure vue de Paris!**
这毫无疑问是巴黎的最佳景色！
* sans doute 毫无疑问

9) **Les toits de Paris ont vraiment du charme!**
巴黎的屋顶真的有种魔力！

10) **Vous pouvez nous prendre en photos avec la Basilique derrière nous?**
您能帮我们拍张教堂在我们身后的照片吗？ * derrière 在～的后面

Partie 5 — 和去国人一起度假

195

11) Pouvez-vous faire mon portrait?
您能帮我画张肖像画吗？

12) Pouvez-vous nous expliquer pourquoi ce lieu est si connu?
您能给我们解释一下为什么这地方如此有名吗？

13) Il y a une ambiance particulière à Montmartre, c'est magique!
蒙马特这里有种特殊的气氛，是种魔力啊！
* une ambiance 气氛

14) J'aime beaucoup votre style!
我很喜欢您的风格！

15) Il y a beaucoup d'escaliers par ici!
这里有非常多的阶梯！

16) Vous avez des souvenirs de Montmartre?
你们有蒙马特的纪念品吗？

17) Combien coûte un trajet en funiculaire?
单程缆车票是多少钱呢？

18) Quels sont les monuments de Paris que l'on peut voir depuis le Sacré Cœur?
我们可以在圣心堂看到什么巴黎古迹呢？

19) Pigalle, c'est dans quelle direction?
皮加勒区在哪个方向呢？
* Pigalle（皮加勒区）是蒙马特山下的区域名，也是 Moulin Rouge（红磨坊）的所在地。

20) Savez-vous où se trouvent les magasins de tissus?
您知道在哪里可找到织品商店吗？

28 蒙马特的魅力 Le charme de Montmartre

Portie 5 和法国人一起度假

指示路线的方法

蒙马特是个历史悠久的村庄，街道不笔直且互相交错。该如何向别人指出对的路线呢？可参考以下例句。

例 **Prenez la première à droite!**（prendre 用命令式）
第一条路右转！
C'est la deuxième à gauche!
第二条路左转！
Tournez dans la première à droite après le feu!（tourner 用命令式）
在红绿灯后的第一条路右转！

询问地方的详细资讯

前往某地参访时，若要询问该地点的详细资讯，则可以使用下面的问句。

文 A: **Pouvez-vous nous expliquer pourquoi** + 地方名 + **est connu(e)?**
B: **Ce lieu est connu parce que** + 理由

例 A: **Pouvez-vous nous expliquer pourquoi la butte Montmatre est connue?**
B: **Ce lieu est connu parce qu'il a encore une ambiance de village d'autrefois.**
A：您能给我们解释一下为什么蒙马特有名吗？
B：这地方有名是因为它仍然保留以前村庄的气息。

文 A: **Qu'est-ce qu'il s'est passé à / sur** + 地方 + **autrefois**（从前）**?**
B: **Ici, autrefois, il y a eu** + 事件．
A：～（地方）以前发生过什么呢？
B：这边以前有～事件。

例 A: **Qu'est-ce qu'il s'est passé sur la Place de la Concorde autrefois?**
B: **Ici, autrefois, il y a eu des rassemblements pendant la Révolution.**
A：协和广场以前发生过什么事呢？
B：曾经在法国大革命时有些人群集聚在这里。

介词 à 的用法

为确定一个动作在一个地方发生，我们可使用 à 这个介词，如：**J'habite à Paris.**（我住在巴黎。）当 à 后接定冠词（le、la、les、l'）的名词时，要遵守下面的变化。

1. 单数阳性地方名词：
例 Je vais au cinéma.（à + le cinéma = au cinéma）
我去看电影。

2. 复数阳性地方名词：
例 Elle est aux toilettes.（à + les toilettes = aux toilettes）
她去厕所。

3. 复数阴性地方名词：
例 Il voyage aux Antilles Françaises.（à + les Antilles = aux Antilles）
他在法属安地列斯旅游。

4. 单数阴性名词：
例 Cet après-midi, nous allons à la plage!（没有变化）
今天下午，我们去海边！

法国人的秘密花园……
Secret de France

【爱之墙】

用 280 种语言写下我爱你

蒙马特山区一直是巴黎很热门的景点，山下有《艾蜜莉的异想世界》中的咖啡厅；山上有圣心堂、画家村，还能俯瞰巴黎的美景。这里要介绍山上一个很特别的景点——Le mur des "Je t'aime"，这是一面用全世界 280 种语言写成"我爱你"的墙。这面墙的发起人是法国音乐家 Frédéric Baron，他花了近十年的时间收集各地"我爱你"的写法，在 2001 年的 2 月 14 日情人节这天完成。现在蒙马特不仅是欣赏艺术作品的好地方，更是情人约会见证爱情的浪漫好去处。

墙上留下了这么一段法语："Soyons raisonnable, exigeons l'impossible." 汉语可翻译成"保持理性，勿要强求"。从这段话中我们也可以读出法国人对爱情的看法，前面那句或许可解读成希望天性浪漫的法国人在爱情中可以更加理性，而后面则是讲出法国人尊重爱情自由的精神。大家是否认同呢？有机会亲自走一趟，看看自己认识多少种"我爱你"的说法吧！

29 挑张美丽的明信片
Choisir une belle carte postale

Partie **5** 和法国人一起度假

法国各大景点及邮局都有自己专属的明信片。买张你喜爱的明信片，写下当时的心情，再到邮局寄给自己或朋友，将美好的回忆传递出去！

和法国人学**单词** Vocabulaire

 29-01

- **un magasin de souvenirs**
 [œ̃ magazɛ̃ də suvənir]
 纪念品商店

- **une carte postale**
 [yn kart pɔstal]
 明信片

- **une boule à neige**
 [yn bul a nɛʒ]
 雪球

- **un porte-sac**
 [œ̃ pɔrtəsak]
 包包挂钩

- **un tablier**
 [œ̃ tablie]
 围裙

- **une casquette**
 [yn kaskɛt]
 帽子

- **un pin's**
 [œ̃ pins]
 胸章

- **un T-shirt**
 [œ̃ tiʃœrt]
 T恤

199

- **un porte-clefs**
  [œ̃ pɔrtəkle]
  钥匙圈

- **un set de table**
  [œ̃ sɛt də tabl]
  餐垫和餐具组

- **un magnet**
  [œ̃ maɲɛt]
  磁铁

- **un parapluie**
  [œ̃ paraplųi]
  雨伞

- **des lunettes**
  [de lynɛt]
  眼镜

- **un béret**
  [œ̃ berɛ]
  贝雷帽

- **une toque de cuisinier**
  [yn tɔk də kųizinje]
  厨师帽

- **un livre de cuisine**
  [œ̃ livr də kųizin]
  厨艺书

- **une réduction**
  [yn redyksjɔ̃]
  折价

- **poster une carte**
  [pɔste yn kart]
  寄卡片

- **une enveloppe**
  [yn ɑ̃vlɔp]
  信封

- **la poste**
  [la pɔst]
  邮局

- **un timbre**
  [œ̃ tɛ̃br]
  邮票

29) 挑张美丽的明信片 *Choisir une belle carte postale*

Partie 5

和法国人一起度假

[**Dans un magasin de souvenirs**
在纪念品商店内]

La touriste: Excusez-moi Madame, auriez-vous des cartes postales du Mont Saint Michel?

女游客：打扰一下，女士，你们有圣米歇尔山的明信片吗？

La vendeuse: Voilà, regardez, elles sont ici.

女店员：在这边。您看，它们在这里。

La touriste: Ah, merci. Donc, c'est 50 centimes pièce, c'est bien ça?

女游客：啊，谢谢。所以，一张是五十分，是这样吗？

La vendeuse: Oui, tout à fait.

女店员：对，是的。

201

La touriste: Donc, si je vous achète 5 cartes postales, vous pouvez me faire le tout à 2 euros au lieu de 2,50?

女游客：所以，假如我买五张卡片，你们能算我两欧元而不是二点五欧元吗？

au lieu de 不～而

La vendeuse: Normalement, on ne marchande pas ici, mais je vous les fais à 2 euros les 5, parce que c'est vous.

女店员：一般来说，我们不能这样卖，但因为是您，我可以算您五张卡片两欧元。

La touriste: Merci! Je prends ces 5 là.

女游客：谢谢，我买这五张卡片。

La vendeuse: Très bien. Il vous faut quelque chose d'autre? Vous avez vu les portes sac à main? Il y en a avec la Tour Eiffel ou bien le Chat Noir.

女店员：太棒了。您还需要其他东西吗？您刚才看到那些手提袋了吗？有些印有艾菲尔铁塔或黑猫小酒馆图案的手提袋。

mignon 可爱的

La touriste: Ah oui, c'est très mignon! Je pense que mes amies aimeraient bien en avoir. Je vais en prendre trois!

女游客：啊，有的，那超可爱的！我想我的朋友们会很想拥有的。我要买三个！

29) 挑张美丽的明信片 *Choisir une belle carte postale*

这些句子一定要会说
Phrases pratiques à utiliser

 29-03

1) **Je cherche des cartes postales de la Tour Eiffel.**
我正在找艾菲尔铁塔的明信片。

2) **Si j'en achète plusieurs, je pourrai avoir une réduction?**
假如我买很多样，我能有折扣吗？
* avoir une réduction 有折扣

3) **Je ne sais pas quoi acheter…**
我不知道要买什么……。

4) **Qu'est-ce qui se vend bien?**
什么卖得比较好呢？

5) **Vous faites les paquets cadeaux?**
你们能做礼物包装吗？
* paquets cadeaux 礼物包装

6) **C'est pour offrir.**
这是为了送人的。

7) **C'est un peu cher, vous pouvez me faire une réduction?**
这有点贵，您能给我折扣吗？
* cher 贵的，"便宜"则是 moins cher

8) **C'est pas mal du tout, j'en prends deux!**
这都很不错，我要两个！

9) **Savez-vous où je peux trouver des piles?**
您知道我能在哪里找到电池吗？

10) **Montrez-moi les souvenirs avec la Tour Eiffel dessus!**
让我看看艾菲尔铁塔的纪念品吧！

Partie **5** 和法国人一起度假

11) **Demain, j'irai à Versailles.**
明天，我将去凡尔赛宫。

12) **Je viens de Chine, vous parlez chinois?**
我从中国来，您讲汉语吗？

13) **Je préfère celui-ci / celle-ci, il / elle est mieux.**
我偏爱这个 / 那个，它比较好。

14) **Vous connaissez un bon restaurant dans le coin?**
您知道这里有什么好餐厅吗？
* dans le coin 这角落，这一小块儿

15) **Qu'est-ce qu'on peut visiter près d'ici?**
这附近有什么我们能参观的？

16) **Je ne connais pas bien le quartier, vous pouvez m'aider?**
我对这街区不是很熟，您能帮助我吗？

17) **Où est-ce que je peux acheter des timbres?**
我能在哪里买到邮票？

18) **Vous vendez des timbres pour l'étranger?**
你们有寄到外国的邮票吗？
* un timbre 邮票

19) **Il y a une poste près d'ici?**
这附近有邮局吗？

20) **A quelle heure vous ouvrez demain matin?**
明早你们几点开门呢？

29 挑张美丽的明信片 *Choisir une belle carte postale*

Partie 5 和法国人一起度假

简单未来式

我们会使用"简单未来式"来表达在未来发生（而不是立即）的动作。简单未来式是由"原形动词"加上特定词尾构成的，请参考下表。

人称代词	词尾	范例
je	- ai	manger（吃）→ je manger**ai**（我将要吃）
tu	- as	commencer（开始）→ tu commencer**as**（你将要开始）
il / elle	- a	partir（出发）→ elle partir**a**（她将出发）
nous	- ons	lire（读）→ nous lir**ons**（我们将要读）
vous	- ez	aimer（喜欢）→ vous aimer**ez**（你们将会喜欢）
ils / elles	- ont	prendre（拿）→ ils prendr**ont**（他们将会拿）

要特别注意的是，有些较常用的动词属于不规则形式，如：être（是）、avoir（有）、aller（去）、venir（来）、devoir（应该）、pouvoir（能够）、faire（做）。

假设句

我们使用 si（如果）去建构一个假设性的句子结构，句型及范例如下。

文 句型结构：Si + 主语1 + 现在式动词 + 物体 , 主语2 + 简单将来式 + 物体

例 **Si** tu viens tôt demain, on pourra avancer sur le projet.
　　如果你来得早的话，我们能将计划超前。
　　S'il fait beau, nous irons pique-niquer.（si + il = s'il）
　　如果天气好的话，我们将去野餐。
　　Si elle termine son travail à temps, nous pourrons continuer.
　　如果她能按时结束她的工作，我们就能够继续。

正面与负面褒义词

1. 正面褒义词：

文 句型结构：le / la / les + plus + 形容词
例 Ce film est **le plus intéressant**!
　　这个电影是最有趣的！
　　Il est **bon**. 他是好的。→ Il est **le meilleur**. 他是最好的。
　　Ce plat est **bon**. 这菜很好。→ Ce plat est **le meilleur**. 这菜是最好的。
　　（形容词 **bien** 和 **bon** 作褒义词时，形态会改变。）

2. 负面褒义词：

文 句型结构：**le / la / les + moins + 形容词**

例 Ce restaurant est **le moins** bon.
这家餐厅是最不好的。
Il est **le moins intéressé** par le projet.
他是专案中最无趣的。
Ces fruits sont **les moins** mûrs.
这些水果是最不成熟的。

法国人的秘密花园……
Secret de France

【法国明信片的写法】

从法国写张明信片寄给自己或朋友吧！

　　法国的各大景点及邮局都有专属的明信片。买张喜爱的明信片写下当时的心情，再到邮局寄给自己或朋友，把美好的心情和回忆都传递出去吧！

Bon Voyage!

　　但法国的明信片要怎么写呢？和传统的明信片一样，分为两个部分，左边写讯息而右边写寄送地址，邮票的位置则要贴在右上角。不过寄送地址到底是写法语、汉语，还是英语呢？因为整理信件的是法国邮局，而送信件到你家的是中国邮差，所以寄送地址的写法是："国家"一定要用英语或法语写，而地址用英语或中文都可以。**Bon Voyage!** 预祝大家的法国之旅顺利愉快！

30 法国人的家庭生活
La vie dans une famille française

Partie 5 和法国人一起度假

对法国人来说，周末及假日是家人团聚的重要日子。法国的商店在星期日大部分都没有营业，许多法国家庭会在星期日安排家庭活动。

 30-01

- **inviter**
  [ɛ̃vite]
  邀请

- **une carte d'invitation**
  [yn kart dɛ̃vitasjɔ̃]
  邀请卡

- **mettre la table**
  [mɛtr la tabl]
  摆好餐具

- **une nappe**
  [yn nap]
  桌布

- **les couverts**
  [le kuvɛr]
  餐具

- **partager le repas**
  [partaʒe lə rəpa]
  共享餐点

- **un cadeau**
  [œ̃ kado]
  礼物

- **la culture**
  [la kyltyr]
  文化

- **bon vivant**
  [bɔ̃ vivɑ̃]
  讲究生活品位的人

- **échanger des idées**
  [eʃɑ̃ʒe dez-ide]
  交换意见

- **prendre le temps**
  [prɑ̃dr lə tɑ̃]
  从容地做事

- **parler de sa famille**
  [parle də sa famij]
  谈论自己的家庭

用法国人的一天学法语

- **l'apéritif**
  [laperitif]
  开胃酒

- **le fromage**
  [lə frɔmaʒ]
  奶酪

- **cuisiner**
  [kɥizinje]
  煮菜

- **les grands-parents**
  [le grãparã]
  祖父母

- **le père**
  [lə pɛr]
  爸爸

- **la mère**
  [la mɛr]
  妈妈

- **l'oncle**
  [lõkl]
  叔叔

- **la tante**
  [la tãt]
  婶婶

- **les enfants**
  [lez-ãfã]
  小孩

- **les sœurs**
  [lez sœr]
  姐妹

- **les petits enfants**
  [le pətiz-ãfã]
  孙子孙女们

- **les frères**
  [le frɛr]
  兄弟

30 法国人的家庭生活 La vie dans une famille française

和法国人学会话 Dialogue MP3 30-02

[Je suis invité à déjeuner]
被邀请吃午餐

Partie 5 和法国人一起度假

Joël est invité dans une famille française le dernier jour de son séjour en France. 乔尔在他留在法国的最后那天被邀请至法国人家中。

Joël sonne à la porte, Ding Dong... 乔尔按门铃，叮咚……

La mère: *(ouvrant la porte)* **Joël, comment vas tu?**
妈妈：（打开门）乔尔，你好吗？

Joël: Très bien, et vous?
乔尔：非常好，您呢？

La mère: Très bien, très bien, je t'en prie, entre!
妈妈：很好，很好，你请进来！

Joël: j'ai apporté un petit quelque chose, j'espère que ça vous plaira!
乔尔：我带来一个小东西，希望你们会喜欢！

La mère: Oh, Joël, il ne fallait pas! Entre, entre! Tout le monde t'attend pour prendre l'apéritif.

妈妈：哦，乔尔，不用这样客气！快进来，快进来！大家都在等你喝餐前酒呢。

Joël: Bonjour à tous, ça fait plaisir de vous voir, comment allez-vous?

乔尔：大家好，很高兴看到你们，你们好吗？

Le père: Joël, ça fait longtemps! Le plaisir est pour nous!

爸爸：乔尔，好久不见！见到你我们非常高兴！

ça fait longtemps 好久不见

La fille: Joël, tu parles couramment français maintenant, bravo!

女儿：乔尔，你的法语现在讲得非常流利，太棒了！

bravo 太棒了；喝彩声

Joël: Oh non, non, pas encore. Je dois encore faire des progrès.

乔尔：哦，没有，没有，还不够好。我还要再进步。

La mère: Alors, Joël, tu as apprécié ton séjour en France?

妈妈：那么，乔尔，你喜欢你这趟法国旅程吗？

le séjour 短暂的停留

Joël: Oui, j'ai appris énormément de choses. Vivre dans un pays étranger est vraiment une expérience enrichissante.

乔尔：是的，我学到很多。在国外生活真是一次丰富的体验。

La mère: Nous sommes très contents pour toi Joël, portons un toast à ton séjour en France et ton retour à la Chine!

妈妈：乔尔，我们替你感到开心，我们来为你的法国之旅及归国之途干杯吧！

30 法国人的家庭生活 La vie dans une famille française

这些句子一定要会说
Phrases pratiques à utiliser

 30-03

1) **Est-ce que je peux vous aider à préparer quelque chose?**
   我能帮助您准备些东西吗？

2) **Dites si je peux vous aider!**
   假如我能帮到您的话和我说！

3) **Je peux vous aider à mettre la table, si vous voulez!**
   我能帮您摆放餐具，如果您需要的话！ * mettre la table 摆放餐具

4) **De quel côté je dois mettre le couteau?**
   我应该把刀子摆放在哪一边呢？

5) **Est-ce que je pourrais avoir un peu d'eau, s'il vous plaît?**
   能给我一些水吗？麻烦您！

6) **Je ne bois pas beaucoup d'alcool.**
   我不喝太多酒。

7) **Je ne tiens pas bien l'alcool.**
   我酒量不好。

8) **Pouvez-vous me présenter votre famille?**
   您能向我介绍您的家人吗？

9) **Enchanté(e) de faire votre connaissance! / Moi aussi, je suis enchanté(e).**
   很高兴认识您！／我也是，我很高兴认识您。
   * enchanté 幸会（可直接用 enchanté 这个单词来表示初次见面）

10) **Qu'est ce que vous faites dans la vie?**
    你做什么工作呢？

Partie 5 和法国人一起度假

211

11) **Quelle est votre profession?**
您的职业是什么呢？

12) **Qu'est ce que vous faites le week-end en général?**
通常您周末都在做什么呢？
* en général 通常；一般

13) **Quelle est votre cuisine préférée?**
您最爱的料理是什么呢？

14) **Est-ce que vous savez jouer d'un instrument?**
你会玩乐器吗？

15) **J'aimerais vous remercier pour votre aide pendant mon séjour.**
我想要感谢你们在我这趟旅程中给我的帮助。

16) **Comment vous remercier pour tout!**
感谢你们所做的一切！

17) **J'ai beaucoup apprécié mon séjour en France.**
我很喜欢我的法国旅程。

18) **J'ai appris beaucoup de choses grâce à vous.**
幸亏有您，我学到很多事情。
* grâce à ~ 幸亏有~

19) **Je vous invite à venir me voir à la Chine!**
我邀请你们来中国看我！

20) **Venez quand vous voulez à la Chine, je m'occuperai de vous!**
当你们来中国时，我会款待你们！
* s'occuper de 款待~

212

30 法国人的家庭生活 *La vie dans une famille française*

Partie 5 和法国人一起度假

自我介绍的方法

在法国，知道如何自我介绍是件很重要的事，因为关系到法国人对我们的第一印象。下面有些相关句型可以参考。

1. 在专业的场合。

文 句型结构：**Bonjour / Bonsoir, je m'appelle** + 名字　您好，我叫～
　　　　　　Je suis + 职业　我从事～（职业）

例 **Bonsoir, je m'appelle** Christine. **Je suis** journaliste.
　　您好，我叫克莉丝汀。我是记者。

2. 在朋友间。

文 句型结构：**Salut, je suis** + 名字　您好，我叫～
　　　　　　Je viens de Chine. / Je suis Chinois(e).
　　　　　　我来自中国。／我是中国人。

例 **Salut**, je suis Olio. Je viens de Chine. Enchanté!
　　嗨，我是欧里欧。我来自中国。很高兴认识你！
　　（朋友间通常用 **salut** 来打招呼，这样显得较为亲切，用 **bonjour / bonsoir** 有时太过正式。）

3. 表明来法国的目的。

文 句型结构：**Je suis en France pour** + 原形动词（或 定冠词 + 名词）我来法国是为了～

例 **Je suis venu en France pour** apprendre l'œnologie!
　　我来法国是为了学酿酒！

例 A: Bonjour, **je suis Joël.** Je viens de Chine. Enchanté!
　　A: 您好，我是乔尔。我来自中国，幸会！
　　B: Enchanté Joël, je suis Julien. Qu'est-ce que tu fais en France?
　　B: 幸会，乔尔，我是朱利安。你在法国做什么？
　　A: Je suis en France pour apprendre à cuisinier! / la cuisine française!
　　A: 我为了学做菜／法国菜来法国！

表达看法和提意见

在法国，如何清楚表达自己对事情的看法并提出意见是很重要的。学会下面的句型结构，将有助于融入法国人的谈话。

文 句型结构：**Je pense que** + 主语 + 动词变化 + 形容词或副词

例 **Je pense que** ce projet est intéressant.
　　我觉得这个计划是有趣的。
　　Elle pense que ce restaurant est le meilleur!

213

她觉得这家餐厅是最好的！

1. 表示同意。

例 **Je suis tout à fait d'accord!** 我完全同意！
Je suis du même avis! 我意见相同！
C'est aussi mon opinion! 这也是我的看法！

2. 表示不同意。

例 **Je ne suis pas d'accord!** 我不同意！
Ce n'est pas mon avis! 这不是我的意见！
Moi, je pense que c'est autre chose. 我觉得这是另一回事。

法国人的秘密花园……
Secret de France

【法国人的家庭观念】

周末及假期是法国家庭团聚的重要日子！

　　法国的商店在星期日大部分都是关门的，也因此法国家庭一般会在星期日有较多的活动，例如一起去公园野餐或是回到父母家聚餐。如果星期日有机会被邀请至法国人家中聚会，要面对的往往不止是你的朋友，而且是整个家庭或家族！这时可要注意自己的礼仪，千万不要失礼！当我们在国外时，代表的不仅是个人，也是我们的国家。

　　法国家庭的组成比中国更多元。为什么这么说呢？因为法国有所谓的同居制度 **PACS**（全名是 **pacte civil de solidarité**）。简单来说，只要满十八岁且双方同意，无论异性或同性都可签署同居协议，而签订同居协议后双方即具备婚姻可享有的权益。至于双方应尽的义务，则在协议书上列清，双方都同意即可。这项政策也被视为解决法国离婚率过高的一项办法，所以当我们遇到这样的家庭状况时，以平常心对待就可以了。从中也可以看出，法国真的是一个讲究人身自由的国家。

版权专有　侵权必究

图书在版编目（CIP）数据

用法国人的一天学法语 / 朱臻明，王冠能著.—北京：北京理工大学出版社，2019.7
ISBN 978-7-5682-7240-7

Ⅰ.①用…　Ⅱ.①朱…②王…　Ⅲ.①法语—自学参考资料　Ⅳ.①H32

中国版本图书馆CIP数据核字（2019）第134991号

北京市版权局著作权合同登记号图字：01-2017-3511
简体中文版由我识出版社有限公司授权出版发行
用法国人的一天学法语，Julien Chameroy 朱臻明，
OLIO 王冠能著，2015年，初版
ISBN：9789864070176

出版发行 / 北京理工大学出版社有限责任公司
社　　址 / 北京市海淀区中关村南大街5号
邮　　编 / 100081
电　　话 / （010）68914775（总编室）
　　　　　（010）82562903（教材售后服务热线）
　　　　　（010）68948351（其他图书服务热线）
网　　址 / http://www.bitpress.com.cn
经　　销 / 全国各地新华书店
印　　刷 / 河北鸿祥信彩印刷有限公司
开　　本 / 710毫米×1000毫米　1/16
印　　张 / 14　　　　　　　　　　　　　　　　责任编辑 / 梁铜华
字　　数 / 293千字　　　　　　　　　　　　　　文案编辑 / 梁铜华
版　　次 / 2019年7月第1版　2019年7月第1次印刷　责任校对 / 刘亚男
定　　价 / 62.00元　　　　　　　　　　　　　　责任印制 / 李志强

图书出现印装质量问题，请拨打售后服务热线，本社负责调换